U0071572

Catcher

一如《麥田捕手》的主角，
我們站在危險的崖邊，
抓住每一個跑向懸崖的孩子。
Catcher，是對孩子的一生守護。

哈佛之路

陪伴、傾聽與支持，我培養出3個哈佛生

林瑞瑜——著

哈佛大學畢業合照。

【前言】

第三次參加哈佛畢業典禮

二〇一一年五月二十六日，美國東北一隅麻薩諸塞州劍橋的春天正如過往一樣氣候溫和，除了比加州來得濕潤一些之外，慶幸的是今年並沒有下雨，因此我們小兒子的哈佛大學畢業典禮得以順利進行。

這是哈佛大學第三百六十屆的畢業典禮，今年又是哈佛創校三百七十五年的校慶，因此盛況空前，校園內人山人海，擠得水洩不通，而三百多年的哈佛大學，造就了八位美國總統、七十五位諾貝爾得獎人。

大兒子高中第一名畢業，並代表畢業生致詞（上）。
大兒子哈佛大學畢業典禮，左為在同校就讀的妹妹（下）。

回想起來，這已經是我們第三次參加哈佛大學的畢業典禮。

雖是識途老馬，我這次原打算像前兩次的畢業典禮般，清晨六點就跟著其他家長在校門口排隊，以便九點鐘畢業典禮開始時，能夠坐在比較看得清楚的位子；結果，一位朋友的父親是一九五六年哈佛畢業的老校友，原打算到廣場參加畢業典禮，以及他的哈佛五十五週年的校友會，臨時給了我們他前排位子的門票，也讓我免去一大早排隊的風霜之苦。

我們來去哈佛已十餘年，此次小兒子的畢業典禮，卻讓我們多了一層的依依不捨之情。

自從二〇〇〇年十二月中旬，大兒子十二年級第一學期尚未結束前，接到哈佛大學「提早錄取」（Early Action）（註一）的通知之後，我們家三個孩子就從此與哈佛大學結下不解之緣。

還記得當時，不只我們全家欣喜若狂，連學校的校長及老師們也都興奮莫名，因為該校已經多年沒有學生進入哈佛大學了，一直被鄰近的高中比了下去，如今大兒子被哈佛大學錄取，學校總算揚眉吐氣，師長們都雀躍不已。

二〇〇一年四月下旬，大兒子十二年級時，我們全家陪著大兒子到哈佛大學，參加學校為已經被錄取的十二年級高中生舉辦的「Prefrosh Weekend」（註二）活

外公、外婆特地從台灣到哈佛，參加大兒子的畢業典禮。

動，希望藉此機會讓學生們認識哈佛、了解哈佛，這有助於學生們決定是否適合到哈佛大學就讀。

到了哈佛大學，我們深深被這美國最古老的大學吸引著，哈佛大學古老且雄偉的建築，以及全球藏書量最豐富之一的圖書館所散發出的文化氣息，更令我感動莫名。而在那個時候，大兒子即決定到哈佛大學就讀。

在全校八百多名畢業生中，以第一名成績畢業，並代表所有畢業生在高中畢業典禮致詞的大兒子，進入哈佛大學念書後，主修應用數學，他的學業成績良好，每年都名列於「榮譽生」行列，同時也是

哈佛大學高爾夫校隊的主力球員，更是哈佛大學創校有史以來，第一位亞裔的高爾夫球校隊的隊長。

他帶領著哈佛大學的高爾夫球隊，替學校贏得了多次的勝利，更由於他在課堂上及球場上優異的表現，使得自己能夠年年名列於哈佛大學及常春藤聯校的「學者運動員」中。這是哈佛大學裡，獎勵學生運動員中，最高的榮譽之一。大兒子的領導才能，不但受到當時自己母隊哈佛大學教練的賞識，更是廣受其他學校球隊教練的讚許。

大兒子在哈佛大學畢業後，旋即進入喬治亞城大學法學院就讀法學博士，以優異的成績畢業後，通過加州律師執照考試，如今是南加州一所國際著名的律師事務所的專業律師，主管金融商

小兒子在幼稚園時是壘球隊選手。（右）。
大兒子與女兒參加小兒子的哈佛畢業典禮（左）。

女兒獲得醫學博士學位（左）。女兒在萬聖節時的打扮，顯現她從小就立志學醫（右）。

務法律。

同樣以第一名畢業於高中的女兒，也是以「提早錄取」的名額被哈佛大學錄取。女兒進入哈佛大學後，雖是主修化學，但每一個學期，都額外再選修音樂、藝術、語言及文學課程。哈佛大學一流的資源，不僅培育女兒在生命科學方面扎實的做學問根基，多年下來，也豐富她的人文素養。

女兒十七歲就進入哈佛大學。在哈佛大學

的四年裡，她藉由不斷的學習與成長，養成了冷靜思考、當機立斷的外科醫生特質。

女兒在哈佛大學就讀期間，不僅學習成績優良，名列「榮譽生」排行榜，對於她所屬的社團及服務項目也是認真的參與。她往往在下課後，冒著大風雪，到低收入家庭的學區，教導幫助那些窮苦的孩子們。她所參加的哈佛大學花式溜冰隊，屢次在她熱心的安排協調下，舉辦了多次大型的慈善演出，門票所得全數捐贈給貧苦的孩童們。

同時女兒也是哈佛校刊的攝影主編，她用相機拍出哈佛大學校園內外許多有趣生動的事情。她在哈佛大學的時光，過得精采、有趣又充實。

女兒哈佛大學畢業後就立即到南加大醫學院，攻讀醫學博士學位。畢業後，通過美國醫師執照特考，現今在南加州擔任外科住院醫師。女兒希望有朝一日能夠成為優秀的顯微整形外科醫師，為先天有缺陷的病患，治療、解決他們的病痛。

當小兒子也被哈佛大學提早錄取為新鮮人，不讓兄姊專美於前，成為我們家第三位的哈佛人時，我真是百感交集。

回憶小兒子小學一年級的時候，因為老師的個人好惡，竟被歸類於有學習障礙的學童，若不是當時身為父母的據理力爭，並想盡辦法一再的鼓勵孩子，真不知後果會如何。

尤其當小兒子以全校第一名的成績代表畢業生致詞時，全場歡聲雷動。他的謙卑及好人緣使他廣受同儕的愛戴。

進入哈佛大學後，小兒子同時也被選為高爾夫球校隊的成員，由於每個星期出外比賽，以及練球的時間冗長，他從此更善加利用時間，雖然自知天賦不如兄姊，他卻深知勤能補拙的道理。

在大一的時候，小兒子即決定研讀心理系，並且自告奮勇的成為一個有學習障礙學童的志工大哥哥（big brother）。經過小兒子四年來的循循善誘，這位學童，如今已是學習正常的青少年了，這也是小兒子一直引以為傲的哈佛生涯成就之一。

小兒子自哈佛大學畢業後，在指導教授的帶領下，一直致力於現役與退伍士兵的心理狀態研究，今天夏天，他將到伊利諾大學醫學院，攻讀醫學博士學位。

目睹三位兒女的學業成就，再回首這二十多年間，對他們的養育、教誨，再加上不同文化的衝擊、洗禮，及自己不斷的反省與調整，真是酸甜苦辣，各種滋味都有，除了有辛酸，當然也有歡樂，但也因此累積諸多與子女互動的體驗與心得。特藉此書，供天下有心的父母作為參考。

三兄妹（上）。
全家福（下）。

註一：哈佛大學每年本科的申請入學有兩種不同的時間表，第一種：Early action的截止日期是十一月一日，同年的十二月十五日將會接到校方的通知。被錄取的學生只需在來年的五月一日前通知哈佛大學是否就讀。第二種：Regular admission，一般的申請截止日期是一月一日，而同年的四月一日以前將會接到學校的通知。被錄取的學生需要在五月一日前通知哈佛大學是否就讀。

由於early action不用commit（即被錄取的學生不用給哈佛大學任何入學的承諾，仍然有時間及空間可以申請別的大學及其他助學金），可是early action錄取的名額較少，申請者都是各方面條件優秀而事先準備充足的學生，因此競爭相對的較為激烈，而且一旦在early action沒有被錄取，被放在waiting list，要被重新考慮就非常困難。一般而言，學生若是沒有十足的把握，是不會申請early action的。哈佛大學的錄取率為5.9%。

註二：在四月底的一個週末，哈佛大學為已經被錄取的高中十二年級的學生們，在哈佛校園內舉行一系列的活動，讓這些高中生有機會認識哈佛，同時也評估自己是否適合在哈佛就讀。

目錄

哈佛之路——陪伴、傾聽與支持，我培養出3個哈佛生

之三 閱讀、運動……人生不只有學業而已

之四 放手、體罰等教養省思

之一 比跳級更重要的事

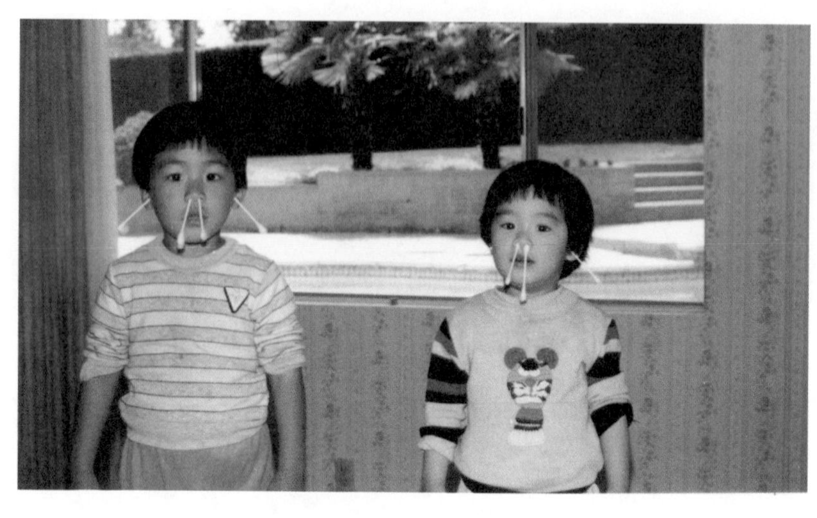

調皮的大兒子與女兒。

另類的跳級（一）

當我察覺大兒子失去了學習的熱忱，有一大半的原因，是因為上課的時候，每當老師問小朋友問題時，大兒子即使搶著舉手，老師卻從不再讓他回答。

大兒子在上幼稚園前的一個假日，我們到加拿大的尼加拉大瀑布遊玩。那天下午，先生抱著小兒子、牽著女兒，慢慢的觀賞、遊玩，我則帶著大兒子去附近的小商店買些飲料和餅乾。

當時的匯率是加拿大幣一點二五元兌換美金一元，商店裡美元與加幣是互相流通的。當時，我大兒子五歲。

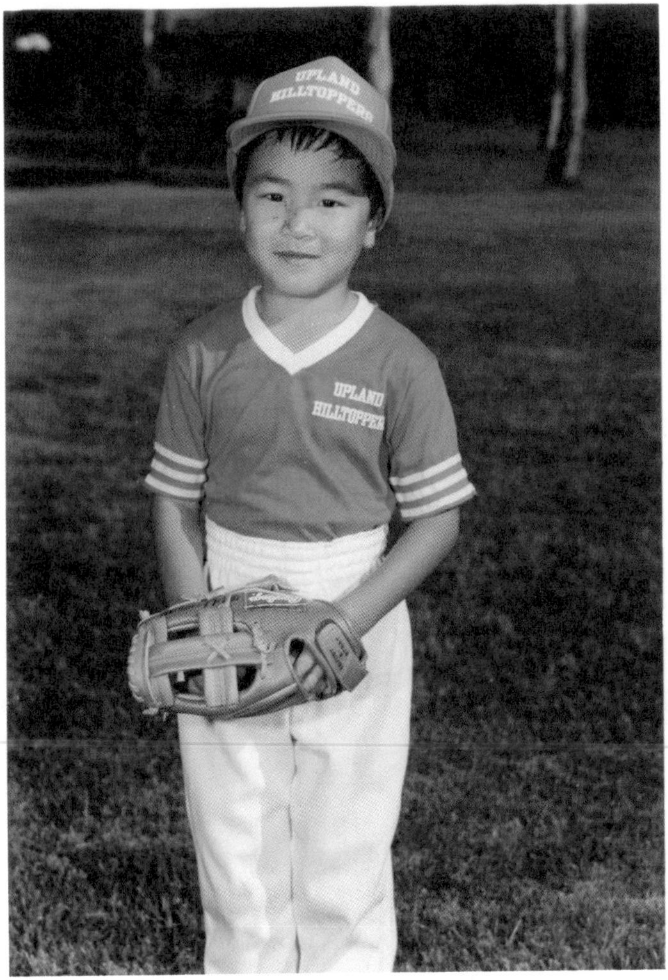

們買了大約是加幣九元多的食品，我拿出二十元美元給收銀員的同時，也問大兒子：「十元美元是十二元五十分的加幣，所以二十元美元等於二十五元加幣，對不對？」

大兒子想了想之後，點點頭。

收銀員收了錢後，找了我一張十元的加幣及幾個美元銅板，大兒子看到之後，指著加拿大紙幣說：「找錯了，這不是美金。」

收銀員說：「差不多的，美元和加幣差不多等值的。」然後指著銅板說：「你看，找你的零錢也有美金啊！」

我看著不知道是真糊塗，還是想要占顧客便宜的收銀員，和顏悅色的對他說：「美元當然和加幣不等值，美元價值比較大。」

聽我這麼一說，收銀員就把十元的加幣換成十元的美元，而且沒好氣的說：「這樣你滿意了嗎？」

大兒子這時卻拉著我的手說：「媽咪，你說十元美元是十二元五十分的加幣，那他找十元美元，好像還是不對吧？」

收銀員一聽，不耐煩地大聲說：「已經多給你們錢了，你們還想要怎樣？」

教養孩子，更重要的是身教

我本來想算了，只是差幾塊錢而已，不值得跟這位收銀員計較的，可是這位收銀員的態度令人生氣，而且經他這一咆哮，商店內的顧客紛紛探頭過來看熱鬧。

我自己平常教導孩子們遇事要不卑不亢的據理說明，現在真的遇上了，即使是區區的幾元，如果就這樣自認倒楣的算了，在眾目睽睽之下，不僅顯得理虧，更是給孩子負面的示範，因此當下我決定跟這位收銀員說清楚。

於是我說：「你怎麼可以是這樣的態度呢？即使是換成十元的美元，你還是少找我們錢的，我算給你看。」

大兒子小學六年級時與初中七、八年級生競賽，在數學比賽中奪冠。

大兒子與女兒。

驚人的數學能力

當我正掏出紙筆，打算換算給收銀員看時，出乎我意料之外，大兒子說：「我們給了你二十元美元，我的媽咪告訴我，十元美元是十二元五十分的加幣，所以我們總共給了你二十五元的加幣，我們買了不到十元的食品，你應該至少找我們十五元加幣的。」

當五歲的大兒子不用紙筆，而能夠清清楚楚的把數字換算給收銀員聽時，不但收銀員吃驚得一時語塞，我對於大兒子的數學概念及邏輯能力也十分驚喜。

我不禁擁抱著大兒子說：「好兒

子，你真聰明。」而一直排隊在我們後面的一位老先生，則探過頭來問我：「你的兒子幾歲了？他比大人還聰明，他一定是個天才！」

這時，先生也剛好帶著女兒及小兒子進了這家小店，問我：「怎麼一回事？」收銀員見狀馬上改變態度，他堆起了笑容對大兒子說：「是啊，你比我聰明多了，我現在就找你們十五元加幣，再加上原先找你們的這些零錢，這樣ＯＫ嗎？」我說：「你就把零錢也換成加幣，這樣我們就兩不相欠了！」這才結束一場小小的意外紛爭。而在經過這件事後，我也更加明白大兒子對數學的天分。

從生活中，教孩子簡單的數學

大約在大兒子兩歲多，我就發覺他對數字的領悟力頗高。漸漸的，我們每次去麥當勞買快樂兒童餐，或買些較簡單的東西，我就開始教他一些簡單的數學，也教他認紙幣及銅板。

一開始，我教他以元為單位的加減，譬如一個漢堡一元，兩個是多少錢呢？我們今天帶了五元，買了三元的蘋果，還剩下幾元呢？買了三元的飲料、兩元的餅乾，總共花了多少錢？我們拿十元去買，能夠找回多少錢呢？慢慢的，延伸至漢堡

大兒子小學一年級時，參加童子軍積木車製造比賽（右）。
積木車比賽測驗（左）。

一個一點七九元時，我就教他四捨五入的概念，以方便心算。

能享受學習，孩子才會願意學習

大兒子對這種數字遊戲非常感興趣，往往還沒開始買東西，他就急著算總價了。

我盡量把生活上能運用到數學的地方，逐步的教孩子。在教導的過程中，重要的元素之一，就是要讓孩子覺得學習有趣，樂此不疲，每天都會期待學習新的東西。當孩子能夠高高興興的享受學習時，才能激發他潛在的才能。

數學如此，教導其他的項目時，我也是遵照此原則，凡事以啟發他們的興趣為目的。我發覺，大兒子對他有興趣的事物，注意力非常的集中，因此學起來能夠有事半功倍的成效，也因為如此，一直以來，我非常注重孩子的學習環境，即使是學齡前的「mommy and me」遊戲課程，我也是帶著兒子試了許多不同的課程，一直到找到他適合的課程為止。

大兒子三歲後，我開始到處找尋適合他的學齡前教育的學校，後來我找到在住家附近的一所蒙特梭利（Montessori）的幼稚園。蒙特梭利的教學標榜的是沒有課本的教學，注重的是個人的自由發展。

大兒子對這種看似毫無章法的教學，

倒是滿喜歡的。每天到了學校，就埋頭繼續做他前一天沒有完成的作業，例如排積木、畫圖等。放學時，我去接他回家，他都會很高興的把一天的作品及老師教他的東西，展示給我看。

美國的每一所蒙特梭利學校都是私人經營，就如同一般的連鎖加盟店一樣，大原則、理論及教學道具都大同小異，可是師資、教學方式，以及對幼兒的熱忱度，卻是每所幼稚園都不同。

為孩子選擇學校時，父母最需要注意的事

我們為人父母在替幼兒們選擇學校時，最需要注意的其實就是老師對我們孩子的熱忱及關心的態度，千萬不要道聽塗說，一窩蜂的湧入所謂的明星學校，因為每個孩子的資質不同，適應能力也不一樣，適合老大的方式，卻不一定是適合老么的。

以我自己的三個孩子而言，只有我的大兒子適合蒙特梭利這種天馬行空式的教學法。我的女兒在兩歲九個月時，我也曾經試著要送她到同一所蒙特梭利的學校，結果發現她全然不適應，甚至每天對上學心生恐懼，我只得先帶她回家。過了好一

陣子，才帶她去擁有不同教學方式的幼稚園。

當孩子失去學習熱忱

大兒子到了就學年齡時，因為我們住家的學區相當不錯，甚至很多人為了孩子的就學而搬到此地，所以我就讓他留在學區的公立學校就讀。

大兒子拉小提琴。

大兒子三年級時獲拼字比賽冠軍。

美國的正式教育體制是從五歲的幼稚園教育開始，當我們從尼加拉大瀑布遊玩歸來後，大兒子就在這所公立的幼稚園就讀。

他每天興高采烈地到學校交朋友，我也自告奮勇地成為「教室媽媽」，每個星期總是進教室多次，幫忙老師做些雜事。

但漸漸的，我發覺學校的教材對大兒子而言，似乎是太淺顯了一些。即使母語不是英語的他，但英文作業及學習對他而言，也已是輕而易舉，更

遑論他拿手的數學課了。

我眼見大兒子在學校上課時總是無所事事，我這新手媽媽也不知如何是好，只得安慰自己，幼稚園教育是讓他學習群體生活及社交能力的基礎，其他的學習可以慢慢來。

不過，日子久了，我卻察覺大兒子在教室時失去了學習的熱忱。有一大半的原因，是因為上課的時候，每當老師問小朋友問題時，大兒子即使搶著舉手，老師卻從不再讓他回答。

當我注意到這個問題，跟老師反映時，老師卻告訴我，這些題目對大兒子而言太容易了，因此要把機會留給別的小朋友。老師這樣的回答也似乎無可厚非，可是我最在意的實在是大兒子的學習態度。

幼稚園老師的跳級建議

課堂上教的東西，對大兒子而言實在是太簡單了，讓他提不起興趣，這點也讓我很擔心。

幼稚園老師察覺到這一個問題，不斷的建議我讓兒子跳級，先去念一年級。

大兒子跳水時的標準動作。

我一直在考慮這個建議，卻遲遲不能決定，因為我覺得小孩子才剛剛開始上學，班級換來換去的，會影響到他的交友狀況及社交活動，更何況，大兒子的年齡，在班上算是年紀小的了，若到同學年紀都比他大上一、兩歲的班級就讀，對大兒子而言，不知是否會產生負面的影響，況且，小小年紀就躋身在身高、體重都比他高壯的同學中，不論是遊戲或者打球，結果一定不是正面的，由於這些種種考量，讓我對大兒子的跳級與否猶豫不決，苦惱不已。

細膩觀察孩子與同學的互動

有一天下午，對面鄰居念同一所小學二年級的Arron照例的背著書包、拿著小提琴，早早的就來家裡，等著我載他與大兒子一起去學Suzuki 小提琴。

Arron進來家裡後，如同往常，放下小提琴後，就迫不及待地跑到大兒子的房間去玩。在上小提琴課前，我總是準備些點心，讓他們先填飽肚子再去上課。那天下午，女兒及小兒子吃完點心後，還不見大兒子他們的蹤影，我只得到房間去叫他們。

我一進房間，卻看見大兒子正在書桌前認真的寫著一本作業本，而一旁的

Arron則忙不迭的組裝著一個大兒子的「無敵鐵金剛」玩具。

我好奇的往前看，兒子正在寫的那個章節剛好是在教學童紙幣及銅板的加減換算。

我問大兒子：「這是哪裡來的練習本子？」

兒子說：「Arron的。」

我一時還沒有會過意來地說：「你要是喜歡寫這練習本，我等一下去買一本相同的，讓你練習。」

兒子卻說：「不用買了，我都快寫完了。寫完了這本，Arron說他的老師會再給他一本新的作業本，而且Arron還可以得到一盒色筆當作獎品。我幫他把新的一本寫完後，他將成為他們班上最聰明的小孩。」

聽完後，我才恍然大悟。曾幾何時，我的大兒子，居然變成Arron的小槍手。

我不可置信的看著我們家這個樂於助人的小槍手，問他：「你幫Arron寫了哪些作業？寫多久了？」

大兒子高興地說：「每星期一、三、五，要去上小提琴課前，我都幫Arron寫作業，這些作業很好玩，比起我的學校作業有趣多了，不像我的學校功課很不好玩。每次不是寫1、2、3，就是A、B、C，都是一些妹妹也會寫的東西，很無趣。」

我說：「這是Arron的功課，你怎麼可以幫他寫功課？」

耐心釐清事件緣由，告訴孩子事情的對錯

兒子回答我說：「媽咪，你不是說我們平時就應該幫助別人嗎？我幫Arron成為他班上最聰明的人，是很好的事，不是嗎？」

我教導大兒子說：「幫助別人是對的，可是幫別人寫功課就不對了。你讓Arron的媽媽及老師以為作業是Arron自己做的，那就是不對的了！」

大兒子問我：「為什麼幫別人寫功課就是不對的事？我們去上畫圖課的時候，畫圖老師有時候也叫我要幫妹妹把畫圖的功課畫完。」

這一下子，令我更難解釋了。我只得先問Arron：「你媽媽知道你的作業是兆堂幫你寫的嗎？」

Arron回答我說：「我以前有告訴我媽媽說，兆堂很聰明，學校的功課我不會的地方，他都會，我的作業都是他幫我寫的，可是我媽媽不相信。她說雖然她知道兆堂很聰明，可是他只有五歲，還在念幼稚園，他不可能會寫二年級資優班的功課

的。我媽媽說，是我搞錯了。」

真是叫我啼笑皆非，我再問Arron：「那麼習題上的時鐘問題、買賣物品的加減，及紙幣換算成不同的銅板，你到底會不會做？」

Arron理直氣壯的說：「就是不太確定答案是什麼，才需要兆堂幫我寫啊！」

我再拿起桌上Arron的英文作業本子，大略翻了一下，裡面練習的項目有文法的名詞複數練習，發音項目中的母音、子音……等等。看著歪歪斜斜的字體，我一時間，也搞不清楚到底是誰寫的。

我問他們：「那這本作業本子，是誰寫的？」

Arron告訴我說：「我不會寫的，兆堂就幫我寫。後面的部分，大多是他寫的。」

我再問兒子：「這些文法複數的習題，你怎麼會的？」

大兒子說：「作業本子上面都有例題讓你看啊！」

我再問大兒子：「你寫的這些答案，你有把握是對的，還是用猜的？」

大兒子聳聳肩，一臉無所謂的樣子說：「我也不知道！」

在往小提琴課的路途中，我花了整整二十多分鐘的時間，告訴小朋友們，為什麼作業要自己寫，不能假手他人。

我要Arron回家後，詳細的告訴他的媽媽，兆堂幫他寫功課的實情。我也告訴五歲的大兒子幫別人寫作業可能的不良後果。

積極與學校溝通出最適合孩子的學習方式

同一時間裡，我其實更在意大兒子對二年級資優班的功課如此的有興趣，而對自己教室的學習卻是索然無味。在等待大兒子學琴的九十分鐘裡，我不斷的思考，到底如何安排，才是對大兒子最有幫助的做法。

我並不希望我的孩子們將來成為偉大的科學家或者發明家，而是作為一位母親，我最誠摯的願望——希望孩子們能夠健健康康的成長，快快樂樂的學習。

第二天，我到學校與校長及幼稚園老師開了討論會。校長開門見山的就對我說，學校方面已經注意到大兒子的程度超出班上的同學甚多，因為學區規定從小學二年級開始，學校才會有資優班的特別教學，幼稚園與小學一年級是有教無類、大雜燴的教學方式，因此當大兒子的老師向他們報告此一問題時，他們從一開始最簡單的想法，就是讓大兒子跳級，可是既然我有多方考量，學校也尊重我的想法。

校方討論多時的結果，願意提供我不同的方案：一是跳級，讓大兒子到一年級或者二年級的資優班去試讀。

二是名義上繼續留在幼稚園班上，可是上課的時候，到不同的班級上不同的學科。下課的時候，再回到幼稚園與班上的小朋友在一起。

三是繼續留在幼稚園班上，由老師提供不同的教材，讓大兒子自己讀、自己寫，老師會盡量找時間個別教導他，可是這第三個方案，不可能持久。

老師也坦白的說，她可能沒有辦法滿足大兒子在學科上的需求，因為她還有其餘二十多個學生要照顧。

開會結束時，老師笑著說：「我希望你能選擇第二個，甚至第三個方案，這樣你還可以留下來當教室媽媽，多幫我一些。」

比學習內容更重要的是，孩子的學習態度

我苦思一夜後，覺得這一學期都快結束了，一動不如一靜。我在意的是大兒子的學習態度，而不是學習內容的深淺多寡。學科的內容早一點學習，或者晚一點學習，實在不是那麼的重要。

因此，我決定先試一試方案中的第三個選項，讓老師先提供不同的教材，重新

喚起大兒子的學習熱忱，等到過完聖誕假期，下學期開學時，再重新評估方案中的第二個選項。屆時，即使要到別的班級上課，新的學期開始時，班上或許也會有些新的同學，這樣的環境對大兒子及其他的小朋友也較不唐突。

這種漸進式的另類跳級，對大兒子而言，可能是最好的選擇了。與校長達成共識後，大兒子就這樣展開了他另類的跳級學習生涯。

另類的跳級（二）

我問大家：「是不是我兒子考得太差，把大家的平均值都拉下來了？」

二年級老師說：「剛好相反，每個項目都滿分破表，把平均值全部拉上來了。」

我不明白的問：「那為什麼大家的臉上都沒有笑容呢？」

大兒子在幼稚園上學期的最後一個月，展開了他的另類跳級生涯。

一開始由於新鮮的關係，大兒子著實興奮了一陣子。那陣子，他每天興高采烈的寫著跟大家不一樣的作業，讀著跟同學不一樣的書本。

代寫作業事件

過了一陣子，老師覺得一年級的數學對他而言，也淺顯了一些，所以老師就換上二年級資優班的功課讓他練習。

但當大兒子看到二年級資優班的作業本時，他跟老師說：「這些我都已經會做了。」老師沒有深究他說話的內容，一直以為他是個很有自信的小孩，才會說出「都已經會做了」，直到有一天，老師看到他在寫作業的速度，彷彿是事先背過答案似的，又快又準，很是訝異。

她問大兒子：「是不是前一晚在家時，媽媽有幫你先複習過一次？」

大兒子跟老師說：「沒有啊！媽咪要我每一題都仔細想想再慢慢寫，可是這些作業，有些我以前替Arron寫作業時已經做過了。寫過的部分，答案我都還記得。」

我之所以沒有事先知會老師，大兒子曾經幫Arron寫過二年級資優班功課一事，一來當初大兒子寫那些作業時，是根據Arron的需要才寫的。有些章節，大兒子也從沒讀過或寫過，一些文法到底大兒子懂不懂，我也存疑，因此我希望他能夠從頭到尾重新做一遍。

二來我也不願意當個多嘴的媽媽，在老師面前說東道西，而且這件事還牽涉到別人家的小孩，可是即便如此，我也不願意我的孩子說謊。

其實，當老師發給大兒子這些二年級資優班的作業時，我就料到老師總有一天會發現而追問緣由的。我當時就告訴孩子：「無論發生什麼事，講實話就是了！」

不願孩子仗著聰明而驕縱

當老師知道這些緣由後，年輕、未婚的女老師好奇的問我：「我相信，你一定知道你兒子智商很高，可是你為什麼不像Edward的媽媽，或Stephanie的媽媽一樣，到處敲鑼打鼓，四處宣傳自己的孩子很聰明，而天天吵著要跳級呢？你反而是很低姿態，彷彿怕被別人知道你有個很聰明的兒子似的。」

我告訴老師：「我不是怕別人知道我的兒子聰明，我只是不願意他恃著聰明而驕縱。我的兒子他自己已經知道他比一般同年齡的小孩，甚至比他年長的孩子還要聰明，我若再到處宣揚，不斷的誇他，那將養成他不可一世的習性，對他只有壞處，沒有好處的。」

我也告訴老師：「孩子這麼小，當然要培養他的自信心，可是一旦自信過頭了，反倒成井底之蛙，不知天高地厚了。社會上有許多有成就的人，小的時候都是大智若愚的，不見得小時候就很聰明，這種例子古今中外，比比皆是。」

孩子的學習態度比跳級更重要

「至於跳級與否，我考慮的其實是外在的環境對他的影響。五、六歲的孩子，早一天或者晚一些學到文法中的母音與子音、名詞的複數與單數、動詞的規則與不規則，對他整個人生的規劃是沒有任何差別的，可是，他學習的環境對他幼小心靈的影響，以及現在孩子本身學習態度的養成，卻關係著他的未來。

「我的兒子很明顯對簡單的教材，已經提不起興趣。他漫不經心的態度讓我擔心，可是他對於還需要思考、用腦筋的功課，或較有挑戰性的學習，就顯得興致勃勃。只要他對學習有興趣，態度認真，我就很高興。跳不跳級，實在是無所謂的。」

令人心痛的真實故事

老師聽了我這番話後，對我說：「吳太太，你是個很有智慧的媽媽，你教養孩子的想法與方式，讓我很有同感。其實，我有個真實的故事，可以跟你分享。

「我有個雙胞胎的哥哥，他從小就被認定是資優生，我的父母把他當成天才來教養。在我們三年級的時候，我的父母要求學校讓我哥哥跳級，本來我的哥哥根本不願意跟我分開，去念四年級，可是我父母認為我哥哥比我聰明，學習進度應該比我快才對，不斷的要他跳級。我念七年級時，我的哥哥已經在念九年級。哥哥十六歲，高中畢業時，他告訴我，他是個被匆匆催趕長大的小孩（a hurried child），一路上很孤獨。

「我的哥哥念了一年多的大學後，覺得與同學格格不入，學校也沒有那麼好念。他突然對周遭的一切很厭煩，不肯再念大學，我的父母非常生氣與失望，他就離開美國到紐西蘭去打工。

「我的哥哥這幾年才回來美國，半工半讀的念完社區大學，現在準備考消防隊員。他說這才是他要的人生，雖然，這樣沒有什麼不好，可是他戳破了我父母從小就替他規劃，成為大律師、科學家、博士或醫生的美夢了。」

我聽完後，不禁問她：「對於跳級一事，你既然有這麼切身的經驗，為什麼一開始你多次的建議我兒子跳級？」

老師坦白的說：「我是基於職責，是根據學區的規定做的建議，何況我接觸過的亞裔父母，只要孩子聰明，課堂表現超出一般水準，都是強烈要求讓孩子跳級的，只有你例外。現在我每當看到二年級的Edward媽媽及三年級的Stephanie爸爸，就讓我想起我當年的父母，他們都是不斷的催促，要孩子趕快長大，望子成龍、望女成鳳的父母。」

我對老師說：「我真的很感謝你告訴我這樣的私密故事，當我需要幫他們做選擇時，我會更加的謹慎，我會時時記得你哥哥的例子的。」

一個早上到三個不同教室上課

十二月下旬，第一個學期結束後，我們快樂的迎接聖誕假期。假期間，我們帶著孩子們回台灣探望父母，並與家人們團聚。期間，我也參觀了台灣的小學。台灣小學生的數學程度，比起美國公立學校的小學生程度，確實是高出了一些，我也藉機請教了幾位老師對數學資優生的教法及看法。

這幾位老師對台灣資優生的教法及結論，雖然南轅北轍，卻也讓我受益良多。第二個學期開學後，我就依照幾個月前與學校達成的初步共識，讓大兒子到一年級或二年級去上數學及英文課。

起先，學校建議讓大兒子一開始就到二年級上數學課及英文課，但英文課程方面，我則希望他能夠從一年級念起，不用這麼匆匆的就趕著上二年級的英文課，後

大兒子準備參加籃球比賽。

來校方也同意了，於是就變成大兒子一個早上得到三個不同的教室上課。

我深怕他不習慣，事先告訴他：「你不是對Arron的功課很有興趣嗎？那你要不要試著跟Arron念同樣的數學，而英文課則去Karen一年級的教室上課呢？這兩個不同教室的課程，你一定會覺得有趣的，先去試試好嗎？」

好動活潑的大兒子，一聽可以到不同的教室走動，馬上就很高興的答應了。

感謝三位老師的協助

幼稚園上課的時間，只有早上短短的三、四個鐘頭，而一年級及二年級則是上課至下午兩點半，作息的時間完全不同。

幼稚園及一、二年級三位老師，為了每天讓大兒子去上完二年級的數學課，及一年級的英文課後，還能夠回到幼稚園班上，繼續跟幼稚園的小朋友一起唱遊，三位老師都把班上的課程重新調整，幼稚園老師甚至把中間下課打鈴的時間都延後了。對於這三位老師的鼎力協助，我一直心存感激。

大兒子到二年級上數學課的第一個星期，我都一直陪著他走進教室後才離開。五歲的他，在同齡的小朋友中身材算是健壯的，可是置身於一群七、八歲的孩童中，大兒子反而顯得嬌小許多。

大兒子每天下課後，我都仔細的詢問他上課的情況，深怕他有任何不適應的現象。我在學校幫忙的時候，看見他頗能跟一、二年級的同學沒有隔閡的打成一片，倒也放心不少。

有些一、二年級的小朋友，或是大兒子童子軍團裡的團員，或是他小提琴課、游泳課的同學，或是他足球隊裡隊員的姊姊，原先大家就是玩在一起的朋友，因此這些一、二年級的小朋友都很願意接納他，對他很友善。看著大兒子每天上午高高興興的穿梭在不同的教室學習，調皮搗蛋依舊，讓我如釋重負。

大兒子上了二年級的數學課後，學著班上幾位同學，相互比賽把功課寫完後，才到操場遊玩，也養成了他在學校就把功課作業寫完的習慣，真是所謂「近朱者赤，近墨者黑」。雖然一開始，我總是嫌他寫得太快，字跡潦草，不過看著他認真快樂的學習，心裡倒也很欣慰。

大陣仗的嚴肅會談

五月下旬的某一天下午，我帶著孩子們剛從圖書館回到家。二年級的老師打電話給我，希望我近日有空時，能與他會面談談。我聽他口氣不尋常，就告訴他，安頓好孩子後，當下我就可以與他會談。

到了會議室，只見校長、幼稚園，一、二年級以及三年級的老師都在場，大家的臉色都不怎麼好看。

三年級的K老師開門見山的問我：「學校裡有沒有任何人曾經知會你或你先生，你兒子在四月的時候，需要參加加州小學的標準評鑑考試？」

我看著一屋子嚴肅的氣氛，我問：「你可以告訴我怎麼一回事，我再回答你，好嗎？」

校長說：「最近這幾年，每年春季的時候，我們都會給二年級以上的學童，一個加州統一的標準評鑑考試。學生考試的成績作為學校及老師教學改進的標準，當然學生成績的好壞，也關係著學校及老師本身的評鑑等級。」

三年級的老師接著說：「你兒子是幼稚園班的學生，怎麼能參加二年級的評鑑考試？」

二年級的老師回答：「他一直在我的班級上數學課，他上課的時間，剛好大家在考試，我當然讓他考了。」

意外捲入學校的紛爭

我問大家：「是不是我兒子考得太差，把大家的平均值都拉下來了？」

二年級老師說：「剛好相反，每個項目都滿分破表，把平均值全部拉上來了。」

我不明白的問：「那為什麼大家的臉上都沒有笑容呢？」

幼稚園年輕的女老師噗嗤的笑了出來，她說：「那是因為我們剛剛吵了一架。」

校長馬上說：「沒有吵架，是不同的意見啦！」

我問：「是為了我的兒子？」

三年級的老師緩了口氣說：「學校的評鑑考試是我負責的，有什麼特殊的情況，要事先知會我的，不能到今天我接到州教育局的年級評鑑結果，才知道二年級多出了這麼一個學生來考試，而且這個學生是列名在學校幼稚園手冊上的。吳太太，你事先知道你兒子要考這個測試？你有簽任何同意書嗎？」

我問：「這事有這麼嚴重？」

三年級的老師說：「他不是二年級的正式學生，若要考試，需要有我的核准及你的同意書，否則這對其他按照規定做事的老師不公平。明年考試時，我隨便找個程度好的學生來考試，把我班上的平均值也拉上來，你們覺得公平嗎？」

他接著面對校長，說：「我肯定你年輕治理學校的熱忱，以及求新求變的精神，可是我在學校教了三十年的書，也負責所有資優班的工作，從來沒有校長可以允許一個學生同時在不同班級上課的。」

校長說：「我這樣做，並沒有違反學區的規定。」

三年級的老師說：「那是因為二年級的資優班尚在試驗階段，很多條例都還沒有明文規定。正式的資優班從三年級開始，是由我全權負責的。下學年度起，吳太太的兒子應該到三年級的資優班上全天候的課。他是個很聰明的孩子，不應該再留在低年級了。」說完後，頭也不回的就走了，留下面面相覷的我們。

這時，從頭到尾，尚未發一言的一年級老師說了：「你們大家注意到沒有，他教的三年級的資優班的測試成績，遠遠落後二年級資優班的成績，這也是連續第三年，他的班級表現得最差，我想這才是他發脾氣的主要原因。也恭喜二年級的H老師，你的班級評鑑的成績最好！」

跳級與否，再度陷入苦思

回到家後，我開始思考大兒子下學年度必須面對的問題。

若是繼續留在這所公立學校，勢必要真正的跳級，去念三年級。跳級固然馬上解決了學習上的問題，可是大兒子才剛滿六歲，就要他躋身在八、九歲的學童中，我實在覺得不妥。我希望他能夠跟他同年齡的孩子在快樂中學習，幸福中成長。

他現在固然與一、二年級的小朋友沒有什麼隔閡，可是將來到了青少年時期，與同學們年齡相差太多而格格不入時，那時該怎麼辦呢？

大兒子熱愛運動，試想十歲的他，打籃球或踢足球，能夠與十二、三歲的美國大小孩一爭輸贏嗎？我更不願意他成為另外一個匆匆忙忙被催趕長大的小孩。

大兒子跳級與否，又讓我困擾不已。

我請教了多位有孩子跳級的媽媽及專家朋友，試著從別人的寶貴經驗中學習到不同的資訊。我小心翼翼的到處諮詢，深怕替兒子做出錯誤的決定，而誤了他一輩子。

與學校一起「打造」適合大兒子的學習方式

我苦思良久，決定再另外找個程度較高的私立學校，讓他可以安心的念一年級，不要跳級。於是，我到處打聽學校，連離家二十哩的所有私立學校都去拜訪過，也詳細的研究每個學校的教學內容。

我發現好的私立小學的教學內容都比公立小學的豐富、深奧多了，不過想要進入這些名校，得從幼稚園就報名考試了，現在都沒有名額了。

我那時心裡非常著急、不安，直到快要放假前，有所不錯的私校通知一年級將有個名額，我才舒了一口氣，趕快替大兒子報名註冊。

學期結束時，大家知道大兒子將轉學，不免離情依依。我感謝三位老師為我的兒子所做的一切。道別時，老師們都摟著大兒子祝福他。

幼稚園老師告訴我：「我想你下學年讓他念一年級，或許是個比較好的選擇。

我但願我的父母當年有你現在的智慧，那麼我的哥哥在成長的那段時期，或許就沒有那些至今仍讓他耿耿於懷的痛苦了。」

老師的一番話，加深了我沒有讓大兒子跳級的信心。

大兒子一直到小學畢業以前，每年開學後不久，他的級任老師總是建議跳級，我每年秋季的時候總是為此煩惱不已，而每個學年度結束前，校長及下個年級的級任老師總是找我長談，強烈建議要大兒子跳級，更令我焦慮不堪。

也因此，每年的暑假，我總是忙著找新的學校，希望新的學校不但能夠考量大兒子學業上的需求，也能夠包容我的期望。

由於種種的考量，以及為了配合一些配套措施，大兒子從幼稚園開始，至小學畢業，試驗性的換了很多所學校。

比數學資優更重要的事，一個母親的堅持

很多時候，我但願我有個水晶球，能夠預卜未來，替我的孩子們找尋最正確的路途。

無庸置疑的，我的大兒子是個數學資優生，六年級的時候，上八年級資優班的

代數課，不用計算機，都算得比老師還快。可是數學資優生並不是全科天才，其他的科目，尤其是人文科學方面，**我希望他能夠按部就班的上課，享受學習的快樂，廣泛的涉獵多方面的知識，不要囫圇吞棗似的學習**，因此我總是堅持他留在屬於他年齡的班上，也因為這樣的堅持，他才能夠自小就與他同年齡的同學在運動場上一較長短，進而發展出數學以外的另一特殊才能——運動，尤其是高爾夫球。

大兒子在數學方面的天分，我深深感謝學校的一些特別安排，讓他一直能夠享受著另類的跳級，例如，七年級起到高中修讀幾何三角，而高中時則有幸至全美著名的理工學院選修高深數學，也因此奠定了他在數學領域的深厚基礎，使得他日後在哈佛大學的應用數學系能夠揮灑自如。

為什麼要寫功課？

對於女兒不寫功課一事，雖然，我比任何人都了解寫功課的無奈與痛苦。
但如果，這件事情就這樣不留痕跡的結束了，
那我是在給六歲的女兒什麼樣的訊息呢？

小兒子六個月時，我依照之前的承諾，銷假回去上班。可是上了幾個月後，實在沒法再蠟燭兩頭燒。雖然眼看就要成為單位的主管了，我還是決定捨棄多年努力奮鬥而蒸蒸日上的事業，毅然決然的辭去工作，在家當個全職媽媽，因為我想讓我的三個心肝寶貝，隨時隨地，任何時間，都能有媽媽陪伴在身邊。

辭去工作的當下，雖然對工作有些依依不捨，可是想到從此，可以天天抱著小兒子，帶著大兒子、女兒去公園玩耍，不再有工作上的壓力、煩惱，卻也高興萬分。

在同事們的惜別會上，雖然感動得眼眶都紅了，可是，心頭卻如釋重擔，雀躍

不已；心想從此可以有更多的時間，做個盡責的媽媽了。

積極參與孩子的學校教育，樂於當「教室媽媽」

在辭掉工作的第二天，我就在大兒子幼稚園的班上，自告奮勇的成為「教室媽媽」（room mother）。一般而言，美國的學校，無論是公立或私立，從幼稚園教育開始，至八年級，帶班級的老師，都會要求每個班上，至少有一、兩個教室媽媽。

教室媽媽的工作，主要是成為老師與其他家長的橋梁，舉凡班上的各種活動，學校裡五花八門的各項慶典，甚至班上小朋友的生日聚會，都有勞教室媽媽去協調、去通知。

教室媽媽的工作不可謂不瑣碎，卻也可因此充分的參與學校活動。一方面可以幫忙老師減少工作量負擔，自己也可以從中學習美國的教育，了解別的媽媽如何教養孩子，更可以多方面的了解自己的孩子，也可以觀察孩子們在學校與老師、同學的互動關係。所以**我一直以當「教室媽媽」為己任，每年輪流在三個孩子其中一個的班當「教室媽媽」**，對於其他兩個孩子的班級，能幫忙的地方，就盡量去做。

多年來，倒是收穫不少，也增長了知識，學習到一些我們從前在台灣小學沒學

過的歷史、地理，尤其是加州的歷史，跟著孩子學到以前都不知道的知識，還真是有趣。不過，在學校義務工作的同時，我也看到了幾個現象，有的小朋友，因為媽媽（有的是爸爸）經常在學校幫忙，而與校方及老師非常熟稔，卻讓小朋友恃寵而驕，以至於成為其他同學們的公敵；甚至有的「教室媽媽」為了雞毛蒜皮小事，為自己的孩子強出頭，不但造成了校方、老師的困擾，也給自己的孩子做了最壞的示範。

所以在熱心幫忙老師之際，對於教室裡大大小小的瑣事，分寸拿捏，不可不小心謹慎，否則，不但惹人厭，若製造了一些無謂的問題及麻煩，那還真是幫了倒忙。有的學校，乾脆在剛開學時，就會要所有班級的教室媽媽及志願幫忙的家長先開說明會，講述一些潛規則，以避免任何衝突。

消失一學年的英文作業簿

女兒在二年級時，我是她班上的教室媽媽。學年度快結束時，班導師打電話給我，因為學年度即將結束，她的工作量很大，希望我能到教室幫她改學生的作業。

在改作業的同時，我心生狐疑，心裡嘀咕著，怎麼好像沒見過女兒在家寫過這本習題本，後來又想，這本的習題作業都很簡單，女兒可能在學校就寫完了，所以沒帶回家寫，不過也似乎從沒有在教室裡看到她寫這本習題。

等到全班十八個小朋友的作業本都改完了，算來算去就是少了一本，女兒的那一本。我心裡納悶著，是不是女兒這次忘了交本子呢？

結果，那天下午我在幫老師整理書籍時，突然在角落找到女兒的這本作業本。翻開來一看，學期一開始時，似乎認真寫了好一些。整本作業本共二十節，但到了第五課以後全部空白，我剎那間馬上明白，女兒功課很久都沒寫，所以乾脆本子也不要了，我頓時火冒三丈，恨不得立即找她來責罵一頓。

可是，我突然想到，我自己在小學五年級時，也有將近一整年的時光沒寫國語功課，沒想到居然二十四年後，風水輪流轉，女兒也正在做著我當年偷懶的事呢！

二十四年前的國語作業薄

我們那個年代，升學壓力大，上的是所謂的前半段升學班，而且又是第一班，每天作業、考試，加上補習，實在不是一個十歲的小孩能夠負擔的。那時候的補習及考試，對國家幼苗殘害之大，使得政府不得不正視，終於在我小學六年級時，宣

布廢除聯考，改成九年國民義務教育。

回憶起當初，一個十歲的小孩，每天在上完了一整天的課以後，還要被逼著去導師家補習。每天在學校除了考試外，回到家還有寫不完的功課，根本沒有兒童該有的童年。

那個時候，我覺得寫一大堆無聊的作業很沒有意思，尤其是千篇一律的國字抄寫及默寫。課文都背得滾瓜爛熟了，生字也都會寫了，為什麼還要默寫十次？所以當時每天寫作業，就成為我最痛苦的時光。

當時，由於我是名音樂家高雅美

女兒四歲生日party（一）。

女士的鋼琴學生（實在是因為她是父親同事的夫人及隔壁鄰居，高老師才收我為學生，並非我有什麼音樂長才），導師知道後要我代表學校去參加校際鋼琴比賽。剛好那一陣子，我的右手腫痛，導師在求勝心切及緊張之餘，大發慈悲，暫時免了我每天默寫課文十遍的酷刑。

鋼琴比賽的結果如何，我已不復記憶，倒是從此我就順水推舟，再也沒有交過國語默寫的功課了。

我當時身為副班長，責任之一，就是要幫老師收班上近七十個同學的作業本子，然後把沒交作業同學的名字寫在黑板上，以便放學前，老師對沒寫作業的學生懲處，通常老師的懲罰是打手心。

也因為作業本子是我收的，自從老師破了例，叫我暫時不用交國語作業本子以後，我就把暫時當作永遠，即使在鋼琴比賽後，也理所當然的在那一學年裡，再也沒有寫過國語作業，這讓我度過了小學時最快樂的一年。

一念及此，對於女兒的沒寫功課，也就沒那麼生氣了，反倒是我開始反省檢討自己。

我心想我真不是個盡責的媽媽，連孩子近一整學年沒寫英文家庭作業，居然毫不知情，真是枉費當初辭了工作的本意，而且還是個每個星期固定兩次在教室幫忙

女兒四歲生日party（二）。

的教室媽媽呢！實在是慚愧！在不斷自責的同時，我只能不動聲色的幫老師把東西整理完畢，以便過幾天學期終了時，能把教材移交給暑期班的老師。

讓孩子學習坦承自己的錯誤，並承擔後果

好不容易等到放學，女兒一上車，我就問她有沒有什麼要告解坦白的。她一開始先說沒什麼事要告訴我，經我一再追問，她反而問我今天去學校是不是有幫老師改英文

作業本，接著才吞吞吐吐的說，她很對不起她的媽咪，因為她家庭作業沒有寫。

我問她為什麼不寫功課。女兒說，一開始她有寫功課，因為練習題真的很簡單，都是在自由活動時間時寫完的，可是有一次，老師改完後，沒有發還給她。

雖然幾天後，她在教室的角落有找到那本作業本，可是，她不想再寫一再重複的習題，因此就當作本子遺失了，而且沒寫功課、沒交作業本，也沒有媽咪所謂的「不良後果」，並且考試的時候也都會作答。

哥哥告訴她，這樣無趣沒用的功課叫「busywork」，即使寫得再多，人也不會變聰明的。她反而問我：「老師教的，我都明白了，為什麼還要寫功課呢？」

我一時啞口無言，將心比心，這難道不是當年我小學五年級的心情嗎？只是當時一整年沒寫功課的事，我的媽媽從來不知道罷了！

回家後，我再三的告訴她，儘管她覺得是「busywork」，可是既然是規定的功課，她就是要按時寫完交給老師。沒有依照規定交作業，也沒有跟爸媽老師商量是否可以通融，就不寫作業，這樣就是不對。

我要求她第二天到學校要坦白跟老師報告，讓老師決定要如何懲處，也就是我常告誡他們的「要承擔不良後果」。

回想一九六六年時十歲的我，與時年六歲的女兒，居然對學校作業有著相同的想法與相似的做法，讓我有著時空錯亂的感覺，雖然教訓著女兒，卻好像也在訴說自己當年的不是，結果越說越無力，越罵越心虛，只能反覆的告訴她：「沒有誠實的交功課就是不對。現在一定要誠實的告訴老師，自己承擔後果。」

第二天下課後，女兒高高興興的跑上車告訴我，老師說她很坦白，是個好孩子，作業本也發還給她了，最重要的是，以前沒寫的功課，也不用補寫。

我接著去找老師，老師一看到我，馬上就十分抱歉的說，這些日子以來是當老師的疏忽了，居然不知道學生沒交功課，不過女兒學習成績不錯，沒什麼大礙的。

如此一來，我倒不好多說什麼了。可是，事情的起因明明是女兒不寫功課，怎麼會演變成當媽媽的自責，當老師的道歉了事呢？雖然，我比任何人都了解寫功課的無奈與痛苦。如果，這件事情就這樣不留痕跡的結束了，那我是在給六歲的女兒什麼樣的訊息呢？

我前思後想，覺得不能就這樣子算了。**我要讓她明白，既然沒有老老實實的寫功課，就要承擔不良的後果，**雖然我自己小時候從沒因此而受到教訓。

讓孩子學習負責，哪怕只有六歲

那時學期即將結束，暑假將至。每年暑假是我們小朋友最忙碌、快樂的時光，除了每天做些許的功課外，主要是游泳、跳水、打球、溜冰，還有跟其他小朋友相約看電影、上博物館、去植物園遠足，以及到公園、海灘、迪士尼樂園玩耍。所以，我要女兒選擇是每天要比哥哥多做二十分鐘的英文作業？還是五次的懲罰？——不能與哥哥、弟弟及其他小朋友出去玩耍。結果，她選擇要多做功課。

一開始，她每天都哭哭啼啼的，不肯多做習題，有時候就乾脆假裝睡覺，不起床。

有一天早晨，女兒又在大聲哭鬧不休，她不肯寫額外的功課，我正在與女兒溝通時，先生從房裡衝了出來說，他整晚一直到天亮，都在搶救一個四百八十公克、剛出生的早產兒，好不容易剛剛才能回家睡上一覺，等一下還要回去手術房，卻被我們吵成這樣。

接著，他又脫口說出，他小學一年級的時候，因為打翻牛奶被老師打了耳光後又趕出教室，從那時起，那個學期他再也沒回到學校讀書，結果醫學院不也還是讀畢業了，現在不也是在當醫生？

我看他一副缺少睡眠又失常的樣子，知道當下沒有辦法跟他講理溝通，只好拖著女兒往書房走，堅持她把功課做完，我才會帶她去溜冰。

可是心裡卻想著，一大早，家裡就雞飛狗跳的。好好的一個暑假弄得烏煙瘴氣，真是所為何來？同時又盤算著，實在也不是什麼了不起的過錯，自己小時候還不是一樣也沒寫功課，當爸爸的甚至沒上學呢！

那時候，心裡很掙扎，不知如何是好。有好幾次，甚至在女兒哭鬧的時候，幾乎堅持不下去，差點改變主意。

父母雙方的教養方式除了一致，更必須堅持

那時候我才明白，教導孩子，做父母的對信念的堅持是很重要的，不能朝令夕改，這樣不但孩子會無所適從，也會養成孩子半途而廢的習性；而且父母雙方的一致性也是很重要的，固然父母當中，有一個一定是得扮演白臉的，但是絕不能背道而馳。

我的先生自幼失怙，他常常說，他不知道怎麼樣才是個好爸爸，他只知道盡他所能的疼惜孩子，他從不知道要怎麼處罰孩子，所以我常要求他，當我在教訓孩子

時，他不能跟我唱反調，平時，他也遵守這個默契，我在處罰孩子的當下，他雖不捨，總是默默的走開。

當天做爸爸反常的舉動，剛好讓我趁機教導女兒，爸爸工作的辛苦，她這樣大吵大鬧只會害了大家。

折騰了兩個星期以後，女兒看我沒有要收回成命的意思，只得每天早一點起床，乖乖的把功課寫完。

暑假快結束的有一天早晨，兒子們還在睡覺，先生上班去了，四周靜悄悄的，只有女兒吱吱喳喳的談話聲，我和女兒正在廚房的餐桌吃早餐，女兒興高采烈的說，她現在知道為什麼要寫功課了。

因為寫功課要早起，早起就可以選到比較漂亮的煎蛋，及她喜愛的草莓鬆餅吃，也可以選到比較小杯的牛奶喝了！

綠野仙蹤——八歲女兒的人際關係

當天下午放學後，我載著女兒與班上幾個同學回家，
我聽見女兒問同班的Christine：「今天上午在操場玩遊戲時，你為什麼故意不跟我玩？」
Christine回答：「你年紀太小了，你不會懂的。」
當時我真想問Christine：「為什麼？」
可是還是忍住了，我告訴自己先別插手。

女兒在一家溫馨的私立小學校，度過幼稚園、一年級、二年級及三年級，共四年的快樂時光。這家學校的英文是以特殊的拼音、教法著名，這種特殊的教法對於低年級學童，尤其是幼稚園學童的發音、辨識英文詞彙是個不錯的方法，可是當孩子的英文已經有一定的基礎，需要學習較有深度的英文時，就不見得是個最好的教法，而且這個學校的中、高年級的師資以及設備，沒有低年級的良好完善，因此，我打算讓女兒在這學校念完三年級後就轉學。

八歲的女兒讀小四

女兒三年級下學期快結束時，我帶她去另外一家較具規模的私立學校考試。考完後，招生部主任當下就告訴我說：「我們注意到你女兒年紀在班上特別小，可是測試的結果，不論是學科或是成熟度，都達到四年級的標準，因此我們很歡迎她到我們學校就讀。」於是，八歲的女兒四年級起就開始到這家遠近馳名的學校就讀。

開學後進了教室，我發覺班上二十個同學，十個男生、十個女生中，有一半以上，都是大兒子在學齡前受教育的班上，或者幼稚園的同班同學，這些孩子都是在其他的學校幼稚園念完後，父母覺得孩子在學科上的準備已經較充足，而且小孩也較成熟了，再來這家明星學校應試，重新再從幼稚園念起至八年級。

被排擠的女兒

一開始，我很高興班上很多同學都是舊識，心想女兒這樣也比較容易適應新環境，但漸漸的，我卻發覺好像不是這麼一回事。

開學後第一個星期。有一天，我進入教室拿東西給女兒時，看見女兒獨自坐在

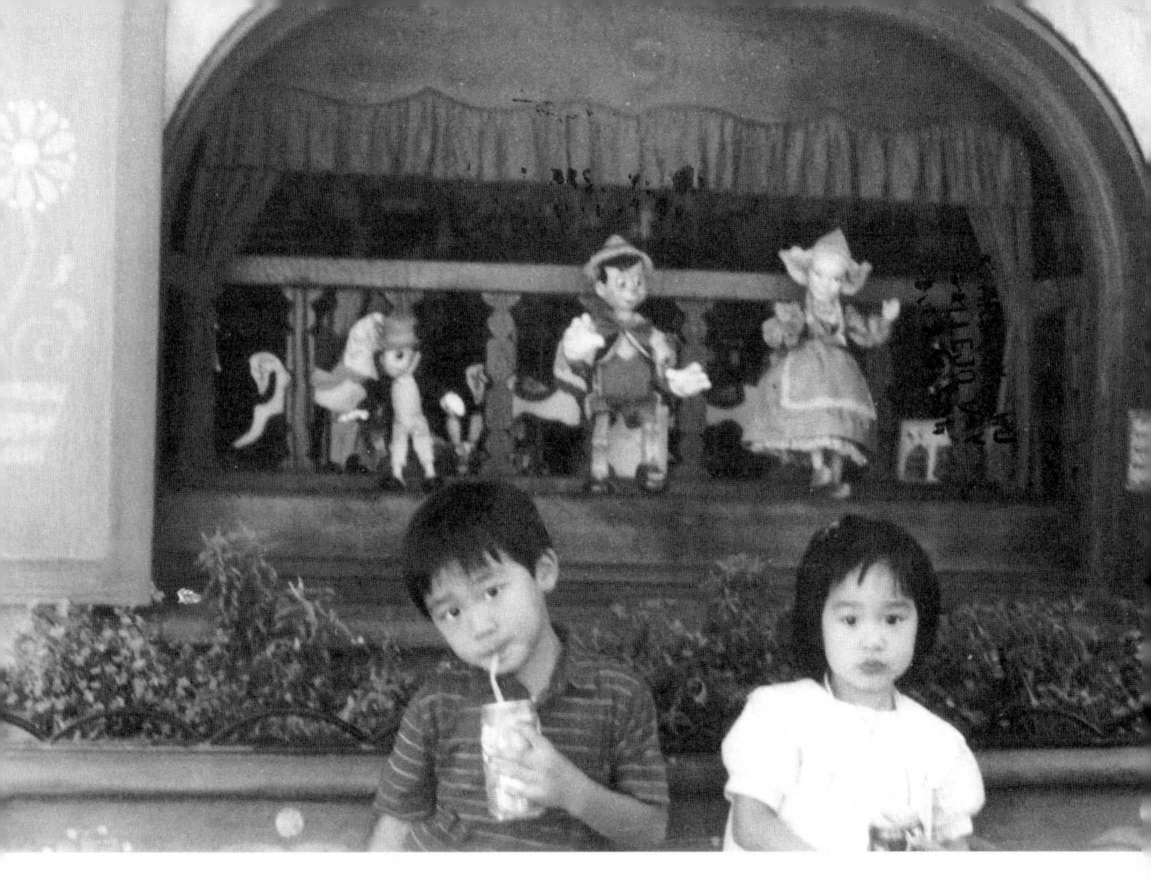

書桌前發呆，而其他女生圍成一團，在一旁竊竊私語，而一見我進來，這些女生馬上一哄而散。

第二個星期的一個午餐時間，我在學校幫忙時，看見女兒一個人默默的與班上的幾個男生坐在一張長桌前吃午餐，而其他女生則擠在一張較小的圓桌前吃飯，幾個女生有說有笑的。

很明顯的，女兒在新學校遭受到同班的女生們排擠，我看了心裡非常難過，心想晚上得找個時間，好好的跟女兒談談。

當天下午放學後，我載著女兒與

四歲的大兒子與兩歲的女兒。

班上幾個同學回家，我聽見女兒問同班的Christine：「今天上午在操場玩遊戲時，你為什麼故意不跟我玩？」

Christine回答：「你年紀太小了，你不會懂的。」

當時我真想問Christine「為什麼？」可是還是忍住了，我告訴自己先別插手。這時我聽見女兒問她：「我不懂什麼？請你告訴我，我們都是同一班的，你不可以故意把我排除在外。」

Christine說：「Dorothy告訴我們，你年紀太小，根本不屬於我們這班，她要我們不要跟你玩。」

Dorothy和她的雙胞胎哥哥Andrew是以前大兒子幼稚園班上的同班同學。女兒回答說：「這樣的話，你不覺得對我太不公平？我來到新的學校，希望班上的每位同學都是我的朋友。」

一旁的Stevie說：「是啊，我也覺得他們故意要排擠你，對你是很不公平的事。Andrew也要我們男生不要理你，他說以前我們都跟你的哥哥同班。Andrew覺得他跟你的哥哥一樣聰明的，現在怎麼可以跟你這個小妹妹同班呢？不過，他這樣是不對的，我不會聽Andrew的。」

女兒說：「Stevie，你對我很公平。Christine，你為什麼每天在學校都故意不跟我說話，可是放學以後，你還要來我家找我玩，而且你每天還坐我們家的車呢？」

我從後視鏡看到Christine一臉無辜的說：「我如果在學校跟你玩的話，Dorothy就不跟我做朋友了，而且她會叫其他的女生不要跟我做朋友的。」

女兒告訴他們兩位：「明天我要問Dorothy和Andrew，為什麼要這樣對我？」

先肯定、讚美女兒，再給建議

回家後，我告訴女兒：「今天我聽見你與Christine及Stevie的對話，我很喜歡你這種有問題，就直接跟同學問清楚的態度，我很高興你是個有勇氣，而且直爽的孩子。Dorothy他們兄妹倆故意要搞小圈圈，排斥你是件很不對的事，我希望你自己先試著處理與同學的關係。如果不行的話，媽咪再想辦法，好嗎？」

女兒說：「我明天要問Dorothy及Andrew，為什麼排斥我。媽咪不要擔心，我很堅強的。」

其實，學校三令五申，甚至於明文規定，不能特意排擠任何一位同學，例如學生有任何的party，可以私下邀請一、兩位同學，可是如果要邀請兩位以上的同學時，就必須邀請全班所有的同學，不能故意漏掉任何一位同學。如今Dorothy他們兄妹的行為，其實已經違反學校的規定，可是我也不願把事情鬧大。**我想先讓女兒自己試著去處理她人生中遇到的第一個難題——複雜的人際關係**，不過真是難為了我這才八歲的女兒。

第二天早上，Christine媽媽帶著Christine來搭我的車上學時，告訴我：「昨天晚上，聽見Christine在跟班上另一位女生Emily講電話，才知道你女兒被排擠的事。去年有一段時間，Christine為了班上舞台劇角色的問題，與Dorothy有衝突時，Dorothy也是聯合大家排擠我女兒，後來我請老師出面，Dorothy才收斂。現在的情況，你應該去告訴老師。Dorothy一直是班上的大姊頭，跟她的雙胞胎哥哥Andrew兩個勢力很大，從幼稚園開始，就沒有小朋友敢去得罪他們。」

上了車後，Christine告訴女兒：「我決定不聽Dorothy的了。」

女兒問：「所以從今天起在學校的時候，你都會跟我玩了？」

Christine說：「我想是的。」

到了學校後，我雖然興起要去找老師的念頭，但終究還是忍住了。

八歲小女孩的勇氣

放學後，女兒告訴我：「我今天問Dorothy和Andrew，為什麼他們要求大家不能跟我做朋友。一開始，他們兩個都否認，可是Nicole在旁邊聽到後，她說Dorothy確實有這麼告訴大家。後來Dorothy說我年紀比班上的同學都小、不成熟，會影響到大家，不應該在這個班上念書。」

我問女兒：「那你怎麼回答她呢？」

女兒接著說：「我告訴她，她和Andrew這樣對我很不公平，而且她都還沒有跟我做朋友，怎麼知道我不成熟呢？Nicole，還有跟Nicole是好朋友的Vivian，她們後來都來跟我說她們願意跟我做朋友。下課的時候，她們就找我一起去打排球了。Nicole還邀請我這個星期六，跟她去看電影。媽咪，我可以去嗎？」

漸漸的，一段時間過後，女兒總算被新的同學們接納了。我也慶幸我當初沒有插手處理，免得把小事變大事了。聖誕節放假前，我邀請女兒的同學們來家裡慶祝她的生日，全班同學都來，包括Dorothy他們兄妹。看著女兒毫無芥蒂的與大家玩在一起，我覺得很是欣慰。

令人感動的細膩心思

四年級下學期春假過後，班導師及學生們就開始忙著一年一度的班級大事——舞台劇公演。這是學校行之多年的傳統，從幼稚園開始，每個班級一年一次的舞台劇公演，由班上全體同學擔綱表演，老師指導、策劃，屆時邀請全校師生、所有家長，以及外校師生觀賞。

我也是有一次藉由觀賞五年級學生舞台劇公演的機會，發現這個學校的與眾不同之處，才下定決心將孩子轉到這個學校的。

女兒的班導師是位資深的老師，學校及家長們對她的英文及藝術方面的學養有很高的評價。她首先要班上二十位小朋友，把他們心目中最喜歡的故事或電影的內容寫出來，以及為什麼這個故事應該成為今年班上舞台劇劇本的原因。

當天，女兒在學校的自習時間就開始寫她最喜歡的《綠野仙蹤》，希望老師能採納這個故事，作為班上舞台劇的劇本，甚至放學後，當她去參加她所屬的社區壘球隊練球時，她也利用中場休息的空檔，不斷的寫著，洋洋灑灑寫了好幾頁，連我都還沒來得及看個究竟，第二天，她就交卷了。

幾天後，我在學校幫忙營養午餐時，老師告訴我，她將採用女兒建議的《綠野仙蹤》作為班上舞台劇表演的故事。

老師說：「因為她是第一個交卷的小朋友，所以我有充裕的時間，仔細閱讀她的文章。她的寫作能力本來就很好，而這次寫《綠野仙蹤》的故事，寫得更出色，因為她似乎看過多次《綠野仙蹤》的舞台劇及電影，對場景及一些細節很熟悉。最重要的是，她在文章最後寫著：『如果採用這個故事的話，班上二十個同學，每個人都可以分配到重要的角色，甚至一個人可以飾演兩個角色，那將是個沒有任何同學會覺得自己被排擠或被忽略的舞台劇了。』

「這點讓我很感動，她是班上年紀最小的學生，每天嘻嘻哈哈的，有時候不免調皮，我真沒有想到她心思這麼細膩，替全班同學都想到了。」

因為經歷過，所以更為他人著想

那時，我才忍不住告訴老師，女兒之所以有如此的想法，是因為她自己當初有被排擠的切身經驗。

我把女兒剛進新學校時，被同學排擠，以及她自己如何一一去面對排擠她同學的往事，一五一十地全都告訴老師。

老師驚訝的說：「怎麼都沒有人來告訴我這些事？不過，她真是個比我們大人都還有勇氣的小女孩。**很多時候，我們大人都還沒有勇氣直接去面對在我們背後說我們壞話的人呢！**」

「每個人都是主角」的舞台劇

舞台劇彩排開始後，許多家長及學生才發現這是一個沒有「超級巨星」的舞台劇。班上二十個小朋友，每個人都是主角，尤其是老師把原本小說中女主角桃樂絲的戲分及對話精簡，而原本無關緊要的小配角，如南瓜少爺等等，特地加重他們的戲分，至於對於對話少的角色，老師則再另外安排報幕的工作，真正的展現了讓所有小朋友分工合作的戲碼，而女兒則飾演偽裝手中擁有多種不同魔法藥水的魔法師。

正式演出圓滿結束後，老師帶著所有小朋友列隊，接受觀眾們的祝福，很多家長及別的年級老師不斷的稱讚我們四年級老師的高智慧，能夠平均分配舞台劇的角色，不僅皆大歡喜，更**使得每個小朋友都有強烈的參與感與榮譽感**，大大不同於往年，以及今年度其他年級的舞台劇。

而級任老師也毫不避諱的將功勞贈予女兒，她一再的告訴大家，這是女兒建議的結果。

班上幾位從幼稚園開始，每年班上的舞台劇就一直飾演大樹，或者路人甲、路人乙的小朋友的家長們則高興的一直跟女兒道謝，而女兒的學習能力，以及恢弘的氣度，也再次受到當初一心排擠她的同學肯定。

自律

大兒子今天打得並不順手。
開球的時候，好幾球都打偏了。
我遠遠的看見他懊惱得拿起球桿，重重地往球袋摔打敲擊。
頓時，他手中的木桿被敲成兩半。

五月初的一個下午，我靜靜的一路跟著大兒子，參加南加州高中高爾夫球校隊個人組的晉級決賽，今天是為期兩天決賽的第一天。

從初賽開始，大兒子與南加州地區各個高中校隊的好手一路打下來，大兒子是最低桿，也是最具冠軍相的四位選手之一，因此大會安排今天大兒子與其他三位積分領先的選手在第一組。

大兒子的驚人之舉

但是大兒子今天打得並不順手。開球的時候，好幾球都打偏了，而果嶺的推桿也是該進而未進。第六洞時，在球道打第二桿時，力道不對，球進了噴水池。

我遠遠的看見他懊惱得拿起球桿，重重地往球袋摔打敲擊。頓時，他手中的木桿被敲成兩半。

同組的選手及看球的觀眾都不可置信的面面相覷。有些同組的選手還忍俊不禁，笑了出來。

一時間，我火冒三丈。我生氣的並不是他失常，球打不好，而是他摔打球桿的行為。

當孩子們開始學高爾夫球時，我就一再告誡他們，不管打好打壞，要控制好自己的情緒，不能發脾氣。

每每看到其他的球員在比賽時，一打不好就發脾氣摔球桿，是最令我不能忍受的，我一再告誡孩子們絕對不能如此。結果今天大兒子把我多年的教誨當作耳邊風，而且還變本加厲地摔斷了球桿。今天若不是他是代表學校參加比賽，我一定要求他當場退出比賽。可是這時，我只能按捺住一肚子氣，默默的看著。

從第七洞以後，有幾次，大兒子在那裡猶豫不決，球桿換來換去，這一點也不像平日果斷的他，我心想這就是摔球桿的後遺症，把信心摔掉了。回家以後，一定要好好教訓他。

教練的建議

第一天比賽下來，大兒子打了第六名，落後第一名有五桿之多。比賽結束時，我只顧分發運動飲料及點心給他的隊友，沒有給他。

大兒子知道我在生氣，除了跟我道歉外，不敢多發一言，倒是校隊的教練走了過來，要他好好的加油，明天還是大有可為。

教練同時告訴我：「有一家夜間球場附設的球具店開到晚上十一點，離這裡大約四、五十分鐘的車程。你現在把摔斷的木桿送修還來得及，明天的比賽就可以用了。」

這時候，大兒子在一旁吞吞吐吐的說，當他用五號木桿，用力的敲打球袋時，把球袋裡的一號及三號木桿也一併都敲斷了。

我聽完後更加生氣，難怪他在比賽時猶豫不決，一直換球桿，原來是找不到適

合的球桿可以用。

我問教練：「選手比賽時遲到都要罰兩桿。在球場風度不佳，把球桿用力敲斷，記分卡裡難道不用加上罰桿嗎？」

教練知道我平常最不能忍受球員摔球桿的行為。我常常批評一些高爾夫球明星打不好就摔桿的行為，簡直是「教壞囝仔大小」。

教練回答我說：「摔球桿的行為一直沒有被規範，如果有的話，老虎伍茲（Tiger Woods）及其他一些名列英雄榜的高爾夫球選手們，大概也沒有辦法打職業賽了。這些摔球桿成性的高球名將說，摔球桿是激勵他們爆發力的方式之一。」

我深深不以為然，我甚至建議教練在校隊規則手冊上，應該加入這一項：嚴禁選手在打球失誤時摔擊球桿。

兒子的歉意與懺悔

離開比賽球場時，大兒子請求我趕緊帶他去修理那三支他摔斷了的球桿。

我想了一想，決定要給他一個教訓，我說：「我對你今天的行為非常的失望，我平常教你的運動精神哪裡去了？**打球不是只有要打贏而已，打贏、打輸都要有風**

度。打贏的時候要謙虛，打輸的時候，更要謙卑，要馬上整理好自己的情緒，要有自律的能力，也就是保持鎮定然後繼續往前，去迎接下一桿的挑戰。

「球打到水池裡時，就應該好好面對『罰桿』（penalty），想一想下一桿應該怎麼打才對。你怎麼可以球打得不好，就在那裡發脾氣，敲球桿、摔球桿，甚至把球桿摔成兩半？你難道不知道我最受不了球員動不動就摔打球桿？你覺得你這種行為造成的後果，我應該現在馬上帶你去修理球桿換新的桿心嗎？」

大兒子難過的低下頭，半晌說：「媽咪，對不起，我已經得到教訓了。後半場，我沒有合適的球桿可以用。後來的十二個洞，每一個洞開球時，我只能用三號鐵桿開球，沒有了一號木桿，開球的距離就差人家一大截，我只能在後面苦苦的追趕，這就是我得到的教訓，我得承擔的後果。媽咪，你能原諒我嗎？我以後一定不敢再這樣了。你能帶我去球具店，把三支斷掉的木桿換新的桿心嗎？」

當孩子做錯事，堅持讓孩子承擔、補救

我一時差點心軟答應，但想了想後，仍然狠下心告訴大兒子：「你一直是媽咪最疼愛的大兒子。你也知道我為了你們，天涯海角，再遠的路程、再辛苦，我都願

意去，可是今天我沒有辦法帶你去換新的球桿，我要你永遠記住今天的教訓。

「你已經十四歲了，做錯了就得面對後果，這樣的結果是你自己不當的行為造成的，你自己要承擔，要想辦法補救。知道嗎？」

大兒子點點頭，又接著求我：「媽咪，我永遠不會再這樣了，你能原諒我嗎？那我能求求你，讓我用我以前舊的那組球具的一號、三號及五號的木桿去打明天的比賽，好嗎？」

最後，我是答應了，但再三要求他從今爾後，永不再犯，而且我告訴大兒子，在我沒有認定他有百分之百的自律能力之前，我將不會把這三支打斷的球桿送修，他只能繼續的使用舊的那三支球桿。

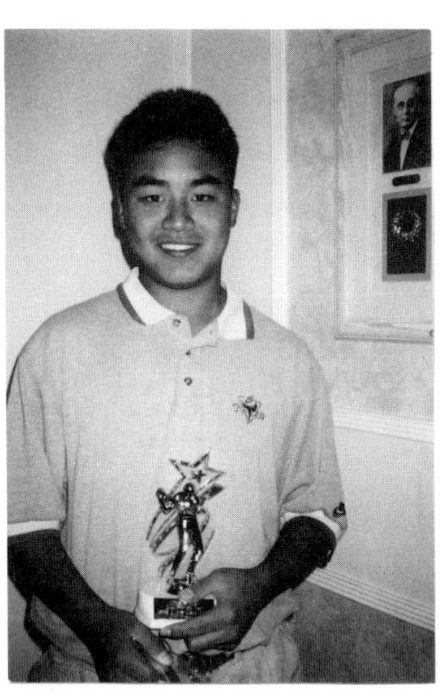

大兒子九年級時獲高爾夫球比賽冠軍。

第二天比賽前，大兒子一早就拿著那三支他久未用的舊球桿去練球了。經過一夜的沉澱，大兒子已經比較心平氣和，沒有前一天的急躁了。送他上學的途中，我再次叮嚀他，一定要有自律的能力，否則不配再打球。

送他跟隊友上了校車去比賽後，我一路開車，尾隨著校車到了球場。比賽開始後，我一路跟著他，看他穩紮穩打的打著，即使打出壞球，雖然談不上從容面對，但至少不再急躁，不再發怒，更不敢摔球桿了。

心平氣和比賽的結果，大兒子當天單日的成績與另兩位選手打成平手，皆為單日的冠軍，最終大兒子以第三名的成績，晉級至下一輪的州際比賽。

大兒子獲南加州高爾夫球比賽冠軍。

不厭其煩地觀察大兒子，是否已經改掉壞習慣

自從那場摔斷球桿的比賽後，我整整觀察了一整個暑假大兒子高爾夫球練球，以及比賽的情況。在使用舊球桿的那段時間裡，大兒子

有時候會很生氣的問我，到底什麼時候才肯讓他把那三支摔斷的球桿修理好。

我總是告訴他，只要他能夠證明自己擁有持續性的自律能力，我馬上就會送修，換新的桿心給他。同一時間，我買了一本關於高爾夫球賽心理學的書《Golf Is Not a Game of Perfect》，要他仔細研讀。

漸漸的，大兒子在打出壞球時，不再慌亂、不再憤怒，更不敢摔球桿，他會好整以暇的準備補救方法。

我告訴他：「無論是在球場上或學業上，稍遇挫折，就氣急敗壞，或是氣餒，那肯定是會嚴重影響之後的擊球，或讀書的效果。如此惡性循環，必定吃敗仗。人生中其他的種種事情，也是同樣的道理。」

他自己也終於深深的體會到，高爾夫球賽不僅僅是個人球技的比賽，也是個人高度的心智比賽。

在暑假為期十個星期的南加州青少年高爾夫球的賽程全部結束後，我終於幫他修理了那三支他在沒有自律力時擊斷了的球桿，大兒子也從此改掉這個壞習慣。

父親節的禮物——教孩子們負責

多年後，我的女兒告訴我，因為我教導她對責任的堅持，所以她才能夠在劍橋的冬天，咬著牙冒著風雪去搭地鐵，繼續履行她當初在九月時天高氣爽的時節，對貧苦學童許下的承諾——教他們英文寫作。

我從小就怕貓，尤其是黑黝黝的貓，張牙舞爪的叫囂時，總是叫我不寒而慄，因此，養貓從來就不是我們家裡的選項之一，而養狗也是與我無緣的，因為我一向對狗敬而遠之，即使可愛的小狗，我都只是觀賞而不會去抱或者觸摸。

當先生開始看診時，我們搬到大學城附近，與我們比鄰而居的格蘭岱夫婦家裡養了好幾隻貓跟狗，而我們剛搬去與他們為鄰時，他們夫婦正值空巢期，夫婦兩人把對他們自己孩子的疼愛，全部移轉至我的孩子們身上。

孩子們從貓狗身上學到的

每當我分身乏術，忙不過來時，格蘭岱太太總是熱心的幫我照顧孩子。有時會幫我把孩子帶到她家去玩，而我的孩子們總是非常高興的到她家，與他們家的貓、狗玩耍，久而久之，他們家的貓、狗也成了我孩子們的寵物。

有時候，孩子們在後院玩耍嬉戲，格蘭岱家的狗Max聽見了，也會隔著圍牆興奮的叫著，總要孩子們叫：「Max, quiet, quiet.」才會停止。

孩子們與狗隔著圍牆一應一答的，甚是有趣。我和先生總是笑說：「原來狗也會有空巢期的寂寞。」

我一直很感謝格蘭岱夫婦對我的孩子們的疼愛，尤其是提供了我的孩子們與貓、狗小動物玩耍的機會與場所。

格蘭岱太太常常說，自從我們家的孩子開始在她家進出之後，她家就顯得生氣蓬勃多了，連貓狗也活潑起來了。

她說，以前她家的貓往往是在後院被老鼠追著跑的，而第一次敢試著抓老鼠，是大兒子和女兒兩個在場的時候。我聽完後，哈哈大笑，大概是我這兩個活潑好動的孩子，激發了格蘭岱家貓的本能了。

我發覺，自從與隔壁的貓狗玩熟了之後，我們家的孩子們對別人的「肢體語言」有了些相當程度的敏感，這可能是從貓、狗身上學到的，而且我知道我的孩子們將永遠不會像我一樣，看到貓就害怕，看到狗就繞道而行。

其實，我小時候，家裡養了一隻狗叫Kuro。我記得我弟弟總是把牠當作馬似的騎在牠的背上，跟我們這些姊姊們玩打仗的遊戲。有時候，他也騎著Kuro去辦公室找父親，那是我們兄弟姊妹一段很快樂、甜美的童年回憶。

我的孩子們懂事之後，看到別的小朋友家有狗，就常常吵著要養狗，我一直不肯，我的理由是：「養你們三個都忙不過來了，怎麼可能再養小狗？況且媽咪也不敢摸狗的。」

自從，他們與格蘭岱家Max玩熟了之後，就從此再也沒有吵過要養小狗了，直到有一年的父親節。

最surprise的禮物

那天是父親節，先生一早去醫院看完病人後，回家時帶了一隻小狗，以及小狗的小屋及小毛毯。我看到之後，既吃驚又生氣，久久說不出話來。

良久，我問他：「小狗從哪裡來的？」

先生說：「新生兒加護病房裡所有的護士們，集資出錢買了這隻小狗，送給我當父親節的禮物，而且所有該打的預防針都打好了，狗屋、狗的食品、衣物都一併買齊了。」

我問先生：「小狗要帶回來之前，為什麼不先與我商量呢？」

先生說：「要帶回來之前，我原本是要跟你商量的，可是打了一上午的電話，就是找不到你，而且大家的熱情好意，我也是騎虎難下。我一早進加護病房巡房時，護士們大家拍手歡迎，馬上就送上這一隻小狗，我也很驚喜，你要我怎麼辦？」

先生甚至加碼說：「沒問題啦！狗，我來照顧，我以前也養過狗的。」

我說：「空口說白話，很簡單。這一刻，你有空養小狗，下一刻，病人若有緊急狀況，你要叫小狗先別大小便，等你回來再大小便嗎？不行，我沒辦法養狗，你一天到晚這麼忙，自己的孩子都沒辦法照顧了，怎麼照顧小狗？我們只能婉謝大家的好意。」

先生說：「那更不行，護士們的好意，如何婉拒？要把小狗退給誰？總不能把小狗養在新生兒加護病房裡吧？」

先生拿出大家寫給他的卡片，上面寫著：「親愛的吳醫師：我們非常感謝，這些日子以來，你在新生兒加護病房獨撐大局，也感謝你的領導，使得我們這個新生兒加護病房，能夠成為區域評鑑最好的新生兒加護病房。在父親節的今天，我們新生兒加護病房的所有護士，送上這隻美麗的小狗，代表我們的謝意與敬意，希望牠能伴著你們一家，有著美好的時光！」

一時之間，我也不知道怎麼辦才好，只是我知道，無論如何，小狗我是沒有能力照顧飼養的。孩子們看我堅持不肯留下小狗，都哭了出來，我雖然心裡不捨，卻對這隻非常可愛、毛茸茸的小動物，還是沒有辦法產生愛憐之心，勉強留下來，真的是造成我精神上無比的負擔。

但是這燙手山芋，究竟要怎麼辦才好？而且，我知道，要解決這問題要儘快，否則，孩子們對小狗日久生情，越久感情就越深厚，那更不可能解決，只能成為我頭痛的大問題。

就這樣，那年的父親節，就在小狗的叫聲、孩子們的哭鬧聲，及先生的不滿中度過！

大兒子主動幫忙解決

當天夜晚，我輾轉不能成眠，小狗的留與不留，對我而言都是大問題。天快亮時，我突然想到隔壁的格蘭岱家。若能把狗寄放在她家，讓她飼養，小孩子們又可以常常看到小狗，豈不兩全其美？可是，好像又有點說不出口，因為她家已經有兩、三隻貓狗了，而且把自己的問題，丟給別人，也是不對的，千百個主意，從腦海裡閃過，就是不知道什麼是最好的辦法。

好不容易熬到天亮，起床準備早餐，正要叫醒孩子們準備上學時，大兒子卻自己起床了，看到我說：「早安，媽咪，你決定了小狗狗的命運了嗎？」

我問兒子：「弟弟才兩歲，我成天要照顧他，還有你們，你覺得我還有精神時間去照顧小狗嗎？」

大兒子出奇平靜的說：「我們早就知道媽咪你會這麼說的。格蘭岱阿姨說，如果你不要養小狗，她可以養，我們不必把小狗送回去給護士。」

我喜出望外的說：「真的？什麼時候去問她的？為什麼不早說？」

兒子說：「昨天傍晚你跟爸爸在吵架的時候，我和妹妹去問格蘭岱阿姨的，可是，我們還是希望小狗狗能夠留在我們家，成為吳家的小狗狗，不要去別人家。去了格蘭岱阿姨家後，牠跟Max一樣，只會聽英文，牠一定不會聽中文的，就不能跟牠說祕密了。」

我聽了很不忍心，摟著兒子說：「媽咪真的很抱歉，我真的不敢摸毛茸茸的小動物。我沒有辦法把牠照顧好的。小狗狗還是個小baby，萬一掉到後院的游泳池，怎麼辦？」

兒子點點頭說：「我知道。」

讓孩子學習分擔與負責

我接著答應他說，在格蘭岱阿姨方便的時間裡，他和妹妹可以每天去看狗狗，陪小狗狗玩。

我也教兒子說：「我們除了謝謝格蘭岱阿姨之外，我們也要負擔小狗狗的飲食費及牠的開銷，所以你和妹妹要開始存錢了。而照顧小狗狗的責任，也要跟格蘭岱阿姨分擔的。」大兒子想了想也高興的答應了。

妹妹起床後，兄妹倆輪流的抱著小狗狗，對著小狗說：「等我們上學後，爸爸會帶你到格蘭岱阿姨家，他們要領養你當兒子了，可是我們每天會去探望你、陪你玩的。爸爸有空時，你就可以回家來玩，而且你一到格蘭岱阿姨家，就有Max可以陪你玩。你不會游泳，你在我們家會淹死在游泳池的。」

對於堅持要送走小狗一事，我實在是對孩子們有些愧疚，也責怪先生不跟我商量就把小狗帶回家，惹了這些風波。如今，聽到孩子們天真可愛又明理的一番話，我倒是釋懷了。

真沒想到，我煩惱了一個下午，甚至為此而整夜失眠的事。念小學二年級的大兒子和小學一年級的女兒倒是早我一步，早就想好了方案，我真是對他們刮目相看！

做爸爸的起床後，知道兒子、女兒替他解決難題後，高興的抱著他們說：「你們真是聰明的好孩子。」然後告訴我說：「我不好意思現在一大早就把小狗帶過去，拜託你等會兒去跟格蘭岱商量，你不敢抱小狗，所以請她來帶小狗過去，現在我要趕著去看病人了。」

面對只管把小狗帶進，不再負責帶出的大老爺，我除了佩服自己的知人之明，料事如神外，也莫可奈何。

等到格蘭岱把小狗帶到她家後，我真的如釋重負。當我坐在廚房的餐桌椅子餵著小兒子吃午飯，看著寧靜的家，一切彷彿失而復得。原來，要飼養一隻小狗，潛意識裡給我的壓力與威脅是這麼的大，而要維持一個家面面俱到，又是多麼的不容易。

對於格蘭岱的仁慈，我有著說不出的感激。她不但解決了我的重大困擾，也讓我的孩子們能夠享受到飼養小狗的樂趣與知識，而她和她德國後裔的丈夫卻常常謝謝我，能夠大方的與他們分享我的孩子們成長的點點滴滴的樂趣。

這隻一直養在格蘭岱家中，原本是送給先生當父親節禮物的小狗，大兒子及女兒與格蘭岱夫婦商量後，命名為「Wooster」，即中文的「吳氏的」，顧名思義，孩子們就是希望「吳氏的」也是屬於他們的小狗。

孩子們負擔狗狗的伙食費等

我要求孩子們，小狗既然是吳氏的，那他們就得負擔一些責任。首先，他們必須每個星期拿出一些零用錢，負擔「吳氏的」的伙食費，而且要常常注意食物（包括零食）是否吃完了，要安排時間找爸爸、媽媽或者格蘭岱阿姨，帶他們去買小狗的食物及用品。每個星期，要固定清洗小狗的毯子、衣物及玩具，還有幫牠洗澡。

一開始，大兒子及女兒總是興沖沖的搶著要幫「吳氏的」洗澡，八、九個月後，小狗漸漸長大，也顯示出自己的個性，不再那麼的聽話、可愛，孩子們也不再覺得「吳氏的」像從前般的新鮮好玩，有時候會偷懶，總要我一再提醒，才肯過去格蘭岱阿姨家幫狗洗澡。

我告訴孩子們：「這就是責任。責任是不可以逃避的，而責任也沒有分晴天、雨天，或者春天、冬天的。」

這時候，我覺得父母的態度很重要，這是訓練孩子「承擔責任」的大好時機。

我們做父母的，對於做「對」的事情要堅持，凡是「對」的事情，或者活動開始做了，一定要孩子們貫徹始終。

多年後，我的女兒告訴我，因為我教導她對責任的堅持，所以她才能夠在劍橋的冬天，咬著牙冒著風雪去搭地鐵，繼續履行她當初在九月時天高氣爽的時節，對貧苦學童許下的承諾——教他們英文寫作。

之二
傾聽、支持，
陪伴孩子的每
一步成長

學習障礙

Brittany跑來告訴我說：「弟弟在哭，因為老師不讓他上廁所。」

我一聽，急忙跟著她到一年級的教室。果真，小兒子在教室外哭泣。

小兒子一看到我就哭著說：「媽咪，我需要上廁所，老師不讓我去。」

小兒子從小就是個天真快樂、與世無爭的小孩。小的時候，看著兩位年齡僅隔一歲半而強勢的哥哥姊姊，任何事都爭得頭破血流，小事也可以吵翻天。相反的，小兒子什麼事都不跟兄姊爭，也不用爭，無論好吃的、好玩的，他的兄姊自然會留一份給他，所以他每天只負責快樂的玩耍。

觀察、發現孩子的天賦

兩歲九個月開始的學前教育，一個星期三個半天的課，他開始群體的生活。他

每天就期待著去學校與其他小朋友玩耍。至於學科方面的學習，他倒沒有多大的興趣。

我發覺他對學科知識方面的學習，不如哥哥姊姊的快速，可是對於電腦遊戲的理解、操作，卻又比一般小孩來得靈敏。

到了小兒子快要上幼稚園的時候，我心裡盤算著，若是考不上好的私立學校，就要帶他回到我們住家學區的公立學校去念。結果，出乎意料的，他居然能夠考上附近較好的私立幼稚園，我們自然高高興興的帶他去註冊。

在小兒子小學一年級時，他每天高高興興的上學。班上其他十九位小朋友，個個都是他的朋友。剛好，他班上的兩位小朋友Max和Brittany每天都坐我的車回家。每次一上車，三個小鬼就迫不及待的告訴我學校發生的事情，吱吱喳喳、童言童語的討論他們認為的大事。

我非常喜歡這樣的氣氛，所以總是自願帶他們回家，婉謝他們的媽媽們輪流開車的提議。

小兒子剛學走路的模樣。

常被老師處罰的小兒子

但連續好長一段日子，他們兩個總是不斷的告訴我：「今天弟弟（他們都學著我，叫小兒子弟弟）又被老師處罰。」

我問他們：「為什麼？」

他們兩個異口同聲的說：「因為老師不喜歡弟弟。」

有好幾次，我回頭問小兒子：「為什麼老師不喜歡你？」

他一副事不關己、無所謂的樣子說：「我不知道。」

我心想，可能是貪玩被老師懲罰，只要沒有真正的傷害到孩子的心靈，我認為老師喜不喜歡這孩子，倒不是那麼的重要。況且，那一學年度裡，我負責家長會的活動，很多時間都待在學校，若有任何事，我應該會知道的。

直到有一天中午，我去五年級的教室幫忙女兒班上分配午餐時，Brittany跑來告訴我說：「弟弟在哭，因為老師不讓他上廁所。」

Brittany一副小媽媽的樣子說：「你最好去處理這件事，因為老師對弟弟很不公平。」

我一聽，急忙跟著她到一年級的教室，果真，小兒子在教室外哭泣。他一看到我就哭著說：「媽咪，我需要上廁所，老師不讓我去。」

這時，老師卻從教室裡出來，對著小兒子說：「你現在可以自由活動了。」

老師說完後逕自走開，小兒子急忙的跑去上廁所，留下一臉疑惑的我。

我在這所學校進進出出已經多年了，也算是個資深媽媽了，還從來沒遇到這樣的老師，處罰學生難道不需要給家長一個理由？再加上Brittany和Max先前跟我說的一些話，我覺得必須找老師問個明白。

不料，老師卻說她這幾天都沒空，要過幾天才能準備好跟我會談。

雖然我當下就跟她約好會談的時間，只是老師逃避我的態度令我生疑，我只是要弄明白，為什麼我的兒子被罰站，她卻說需要時間準備跟我會談，其中一定大有文章。

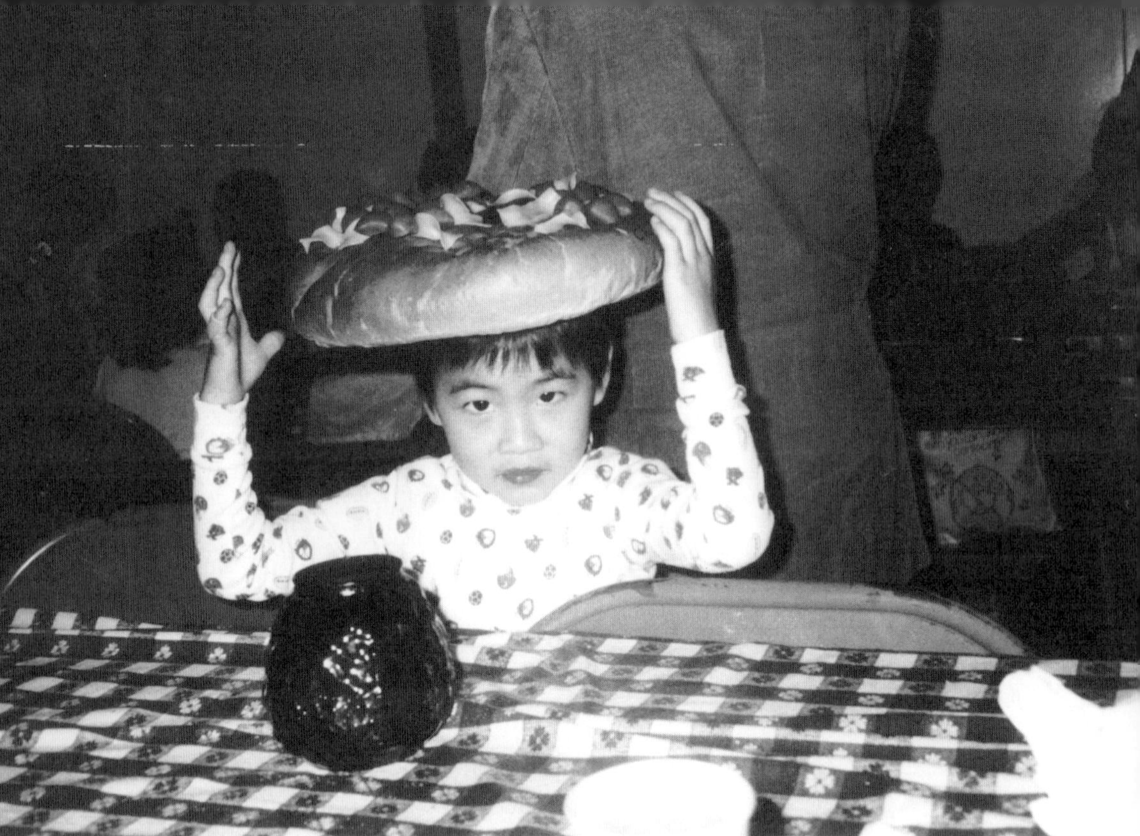

小兒子四歲時，調皮地把桌上的麵包當成帽子戴。

令人心碎的批評

三天後，我依約前往會談。她一看見我，就拿出一疊小兒子在課堂上寫的作文，每篇作文都被老師圈得滿江紅。

她說：「你的兒子逗點和句點都搞不清楚。上課不專心，老是要上廁所。」

「這就是你為什麼要罰他站在教室外面，而不准許他上廁所的原因？」我問老師。

她不回答我的問題，卻拿出小兒子的作文說：「你看，他連專有名詞、句子的開頭要大寫都不會。」

「其他學生一教就會的東西，他就是教不會。專有名詞我教了好幾個星期，他還是不懂。總而言之，他就是個有學習障礙的孩子，程度跟不上別的小朋友，他不適合在這個班上就讀。」

當老師大剌剌的批評小兒子時，我憑著對自己兒子程度的了解，我很自信的告訴她：「我的兒子絕對沒有你所謂的學習障礙，他或許是天真了點，課業上沒有很強的企圖心，可是學習方面，是絕對沒有問題的。」

一聽我說完，她馬上拿出班上James的作文給我看：「請你自己看看別的小朋友的作文，段落分明，大小寫清清楚楚。」

小兒子班上的這些小孩子們，從三、四歲就玩在一起，誰的程度如何，說不定我比老師還要清楚，而James是個程度非常好的小朋友，尤其是作文，我看都不用看就跟老師說：「James的作文能力是超過同學甚多的。暑假的時候，他就參加二年級的寫作班，我兒子的寫作絕對是輸他的，但是請你拿Max、Joanna、Christine，甚至Bryan他們的作文來比較好了。」

Bryan是位功課不錯的小朋友，老師聽到我的要求時愣住了。

她想了一會兒說：「沒有這些家長們的准許，我不能拿他們的作文給你看。」

「那沒問題，我現在就打電話徵求他們的同意，好讓我能有個比較，也能夠明瞭我兒子到底學習上差大家差了多少。」我說。

決定「到教室觀察」

但此時，老師卻轉移話題，她說：「除此，他還有態度上的問題。上課不專心，愛講話，常常吵到別人，每次都上課了，才吵著要去上廁所，是班上最令人討厭的小孩。」

一些莫須有的罪名，全加諸於小兒子的身上。她厭惡小兒子的神情，尖酸刻薄的評語，也令我心驚。

我力持鎮定的告訴她：「上課不專心的問題，一定是有的。小學一年級的孩子，不可能時時刻刻都專心的。至於他如何變成上課愛講話，最令人討厭的小孩，請你讓我來教室觀察幾天，我就可以找到問題的根源，改掉他的壞習慣，進而替你解決班上秩序的問題。」

一開始，這位從體育代課老師轉任成暫時性老師的她，不願意我到教室來觀察，經我一再提醒她，「到教室觀察」是學校章程裡明文規定的家長的權利，她才勉為其難的答應。

第二天起，我就展開為期一週的觀察工作。小朋友們上課時，我就從班導師的辦公室窗口觀察小兒子。由於我不願增加小朋友們的壓力、負擔，或者讓小兒子覺

小兒子四歲時在迪斯奈樂園。

得老師對他有敵意而草木皆兵，因此我到教室觀察這件事，我沒有對小朋友們說，只見小兒子每天還是高高興興的上學，下課及休息時間呼朋引伴的拚命的玩，老師對他不友善、嚴厲的態度，似乎絲毫沒有影響到他，真是個天真無邪的孩子。

經過三天仔細的觀察，我實在看不出小兒子有什麼學習障礙。充其量，只能說他是個貪玩的小孩，下課時遊玩、打球，比上課還認真。

我也觀察到，小兒子只要下課鈴聲一響，不等老師把話說完，就往外衝。他跟二年級的小朋友比賽搶球，小兒子總是速度最快，總能替他班上的小朋友多搶幾個球，是個受同學們歡迎的小朋友。他珍惜每一分鐘遊玩的時間，總要等到上課鈴聲響了，才匆匆的去上廁所，所以往往是最後一個進教室的學生。

我也注意到，他下課時玩得太兇，往往一開始上課就累得趴在桌上，我想可能是這些小動作惹惱了老師。

其實，一個六歲的小孩，就是需要教導。這些我所觀察到的可能問題，老師應該告訴我，跟家長溝通，讓孩子改正，而不是以一句「學習障礙」來下結論，更何況，「學習障礙」是一個多麼嚴重的歸類。

請兒童心理學家評估

事隔多年後，我常回想，若是當時我是個新手媽媽，小兒子是我的第一個孩子，我一定會擔心、驚嚇得不知所措。

正當我在思考怎麼去跟老師溝通、解決問題的同時，老師卻先發制人的跑去校長室說我影響她教學。

老師當著校長的面說：「你的觀察期應該結束了，我的教學已經被你時時刻刻的在場所干擾。你的兒子就是有學習障礙，這就是我的結論。」

一旁的女校長隨聲附和，我看著這兩位不公不義的女人，實在枉為人師。當下，我立即決定要找專家諮詢、幫忙。

我出奇的冷靜說：「既然我們的想法南轅北轍，我的意見，你們連聽的意願都沒有，那我們就找資深的兒童心理學家來評估，我的兒子是否有學習障礙，是否適合留在班上就讀。」

校長馬上說：「這個費用，你要自己負擔，而且你需要給我們完整的報告。」

當天下午，我打了不下二十通的電話，終於聯絡上附近地區最有名的兒童心理學家。他安排隔天小兒子先做智商測驗和注意力評估。

第二天放學後，我急忙帶著小兒子去做測試。測試的結果，智商及注意力都略微高過一般同齡的學童，這更加深了我兒子沒有學習障礙的信念。

兒童心理學家說：「至於有沒有學習障礙，除了這些數字外，我必須到學校及教室評估他的學習行為及環境。一般我的出場費是一個鐘頭兩百元，因為你先生是醫師，我可以給半價。一般而言，大約需要十至十五個鐘頭左右，才能觀察出這個年齡的學童的舉止行為，以及與他人互動的情形。」

為了兒子，我當場答應了。

回家後，我告訴當爸爸的，測試的結果及後續的評估狀況。

他說：「你忘了我也是兒科專家嗎？我自己的孩子有沒有學習障礙，我會看不出來？」

先生說得我啞口無言，我真是捨近求遠了嗎？

我只得告訴先生：「為求公正起見，我們還是得找客觀的第三者做評估報告。」

捲入學校人事紛爭

當天晚上，校長室主任祕書Marcia打電話給我。她的女兒與我的女兒從小就玩在一起，我們兩家情誼深厚。

她說：「我考慮了很久，我決定要告訴你，我這幾天聽到的一些事。」

她娓娓道出，這些日子以來，老師不斷的找小兒子的麻煩，甚至給他貼上標籤，原因是老師懷疑剛接任家長會會長的我，介入她的人事評審，而導致她至今尚未接到董事會發的下一學年度的聘書。

她之所以如此，一方面是發洩了對我的憤怒，一方面是她要董事會相信，我因為自己的兒子有學習障礙而遷怒於她，所以我對她的評語完全是不客觀的。

而即將在學年度結束時被迫離職的女校長，更是把她去職的原因歸罪於整個家長會，尤其是強勢的前任家長會長，是她的頭號敵人，而我這新任的會長，掃到颱風尾，她對我也是不懷好意的。

我那時才知道，我竟然無意中介入了學校可怕的人事紛爭，而最大的受害者，居然是最需要被保護的小兒子。

想著這些日子以來，小兒子受到的折磨。我對無辜的他，有著說不出的愧疚與心疼。

第二天，當我看見心理學家站在操場旁邊，觀察小兒子班級的活動時，我的心裡其實已經有了答案。

堅持爭取孩子的受教權

我不斷的思考，我如今在家長會是首當其衝，好的壞的都得概括承受，這樣到底對我的孩子有沒有害處呢？我是不是應該再繼續做下去呢？

晚餐時，當我提出來討論時，十一歲的大兒子卻說：「你不是教我們不可以半途而廢嗎？如果你現在自己辭掉，不再做家長會長了，算不算是半途而廢呢？」

大兒子的一番話提醒了我，**身教重於言教，我得給孩子們好的示範**。於是，我決定在家長會裡，除了更謹言慎行外，硬著頭皮，也要把這一年做完。

一個星期後，心理學家的報告出爐。報告上清楚寫著，小兒子學習正常，沒有學習障礙，反倒是常常被老師試圖孤立，老師的教學有偏差，希望學校、家長注意這方面的問題……等等。

我本想請心理學家把牽涉到老師的一段話刪去，免得誤會更大，結怨更深。可

是，心理學家不肯答應，他說：「專業的報告，不容任何人干涉更改。」

結果，這篇報告變成壓倒駱駝的最後一根稻草，老師教完這個學年後，沒有再被續聘。校長去職時，也婉拒家長會的歡送茶會，而我，身為保護兒女的母親，雖然重重的上了一門課，但是為爭取孩子的受教權，我想即使再艱難，我都願意去努力的。

榮譽感

有一天，小兒子告訴我，他以後也想要到哈佛大學念書。

我告訴他：「美國有很多很好的大學，並不是只有哈佛大學，你只要盡力而為，我就很高興了。」

小兒子問我：「媽咪，你是覺得我上不了哈佛大學，所以你才這麼說？」

一年一度的七年級與八年級田徑大賽，把小兒子整個學校的運動場擠得熱鬧非凡。每年參加這田徑大賽的共有十所學校的田徑校隊，而小兒子七年級時的田徑大賽，至今仍然深刻的印在我腦海裡。

吸引全校師生目光

那年的田徑大賽，小兒子從一開始的初賽表現就很出色。到了決賽那天，他的三級跳遠，第一次試跳就跳出破大會紀錄的成績。學校的教練高興的抱著小兒子跳了起來。

接下來，一百公尺跨欄及五十公尺跨欄的決賽，小兒子成績都還不錯，兩百公尺的短跑也得了第一。

田徑校際比賽的重頭戲，是小兒子負責最後一棒的四百公尺接力賽，以及八百公尺的接力賽，但在四百公尺的接力賽中，第三棒的同學表現失常，小兒子接棒後，在後面苦苦追趕，最後，總算拿到第二名的成績，當時全場歡呼聲不斷。

這時，場邊的觀眾越擠越多，學校裡所有的老師都跑了出來，因為這是個小學校，每個年級只收二十個學生，十個男生，十個女生，這樣的小學校能夠與其他人數眾多的學校在運動場上競爭，而有如此亮麗的成績，是學校自一九五四年創校以來，並不常見的光景。

最精采的逆轉勝

當小兒子與其他三名隊友在暖身準備最後一場競賽——八百公尺接力賽時，整個運動場已是人山人海。跑第三棒的隊友因為失常在先，這時已經緊張得腳趾抽筋，只見他的媽媽一直在為他按摩。

小兒子不斷的安慰他，甚至告訴他：「你不要擔心，你只要把棒子交到我手上，我就會迎頭趕上的。我們會贏的，你盡力就好。」

鳴槍起跑後，我們的賽跑選手一開始第一棒還能保持領先，漸漸的，到了第二棒、第三棒時後繼無力，不斷的落後，等到棒子交在小兒子手上時，已經是第四名了。

沒想到，小兒子一路從後面，好似風馳電掣般地趕了上來，到了離終點線五十公尺處，已經與跑在最前端、別的學校校隊的選手並駕齊驅了。此時，全校的師生，利用主場的優勢，齊聲為小兒子加油，加油聲震耳欲聾。

小兒子受到無比的鼓舞，拚了命的往前跑著。最後，他以幾個步伐之差，衝過終點線，替校隊贏得了冠軍。教練及田徑隊員興奮的把小兒子抬了起來，一時之間，整個學校為之瘋狂。

田徑校際比賽後，小兒子一夜之間成了學校的風雲人物。個性原本就低調的他，每當學校的老師、同學及家長津津樂道、如數家珍的回憶他接最後一棒的豐功偉業，努力的替學校爭取榮耀時，他雖然總是靦腆的笑笑，我卻注意到他對周圍的事物專心、注意了起來，不再任何事都無所謂了。我發現，我的小兒子正悄悄的在

改變中。

打破哥哥姊姊的教養模式

回憶起小兒子出生時，我少了新手媽媽的生澀，不再小心翼翼，也不用緊張兮兮，一切駕輕就熟，神經也無形中變得比較大條。

小兒子從嬰兒時期起，就深受哥哥姊姊的影響，每天就在哥哥姊姊的揉搓拉扯下長大。好幾次，我去洗個澡出來，就看見當哥哥的抱著弟弟，當姊姊的拿著嬰兒配方奶水在餵食弟弟，弟弟則滿足的吸吮著。三個人合作無間，卻讓我這個做媽媽的不知如何是好。

小兒子在襁褓之際，因為他的活動力超強，我擔心母奶不夠，總是在餵母奶中間，摻加著嬰兒配方奶水給他喝，可是往往一瓶四盎司的配方奶水，拖拖拉拉的餵食超過四小時了，小兒子卻還喝不到一半，剩下的我只得丟棄。可是，只要是哥哥姊姊餵的，不論是蒸餾水，或嬰兒配方奶水，即使是過時應該要丟棄的，弟弟三兩下就喝得光光的，顯然他非常享受哥哥姊姊的照顧。小時候非常愛哭的弟弟，只要哥哥姊姊一出現，就破涕為笑，依賴兄姊甚深。

小兒子從小就跟著哥哥姊姊參加他們的活動，我心想依照哥哥姊姊的模式，教養弟弟應該不是件難事，但漸漸的，我卻發現事與願違，完全不是這麼一回事。

從小兒子身上，我清楚的明瞭，即使是同父同母的同胞兄弟姊妹，資質、天分的不同，及個性的相異，我們做父母的必須有不同的教養方式及因應之道。

例如哥哥姊姊從小就喜歡上圖書館去聽老師講故事，弟弟卻索然無味。雖然他乖乖的坐在地毯上聽老師講故事，卻有聽沒有進，好似放空自己。試了多次後，發覺他沒有辦法有效的理解後，只得再找別的活動，讓他對故事本身產生興趣。

經過一段時間的試驗，我發覺他對動態的故事最有興趣。只要是看過的卡通影片或電影裡的台詞，他都會記得，因此，每次就先帶他去看電影或卡通影片，引起他的興趣後，再讀故事書給他聽，似乎就容易些了。

配合小兒子，將「說故事」時間調整成早上

有陣子，可能是白天玩得太累的關係，睡覺前唸故事書給他聽，往往不到五分鐘，他就睡著了，沒想到，我的「說故事」竟成了小兒子最佳的催眠曲，所以後來我把小兒子的聽故事時間改成早上，趁他精力充沛，注意力還能集中的時候，多多

少少接觸一些故事書。

小兒子到了就學年齡，開始上幼稚園之時，雖然上的是明星學校，競爭激烈，他卻每天仍然高高興興的上學，因為他上學的目的就是去學校玩，別的小朋友競爭激烈，也絲毫不影響到他。

每年班上的舞台劇，幾個重要的角色，同學們大家搶著爭取，甚至有的家長也加入戰局，小兒子卻一副事不關己的模樣。他總是希望分配給他的是最簡單的角色，不用花任何精力、工夫排演的。

小學一年級的舞台劇，老師分配給他的角色是飾演在百貨商場買東西的顧客，在五十分鐘的舞台劇裡，他的台詞不超過十秒鐘，他卻雀躍萬分。

短短五分鐘，小兒子換了四本書

那個時候的小兒子，對學校的學習沒有什麼進取心，對讀書更是沒有什麼興趣。有一次，在小兒子班上的自習時間，我剛好在教室裡幫忙，大部分的小朋友都靜悄悄的在閱讀或做功課，我卻看見我的小兒子在短短的五分鐘裡，到書架前來來回回換了四本書，翻來翻去，竟然找不到一本他有興趣，而能夠讓他靜下心來仔細

三兄妹與朋友在迪斯奈樂園。

閱讀的書。

放學後，我帶他去書店，希望能找些他有興趣閱讀的書刊，結果翻遍了書店裡所有的兒童刊物，我們居然只買了幾本卡通漫畫書回家，因為其他的故事書，他一概沒有興趣。

既然靜態的閱讀學習，小兒子不感興趣，我只好帶他到處參觀、四處遊玩。

很多時候，我不斷的安慰自己，書本當然是孩子們吸收各種知識最好的來源，可是知識的學習並不局限於學校及書本，所以，博物館、美術館與植物園是我們常常報到的地方，各種主題公園以及電影院更是我們流連忘返的去處。

往往，當我們到博物館，參觀恐龍的化石標本時，我們也到隔壁的展覽室，去學習哺乳類動物的進化，當我們到植物園裡欣賞奇花異草時，也同時目睹蠶寶寶、蝌蚪的蛻變。

當我們到美術館觀賞圖畫時，也藉由圖畫而了解到畫者的想法，或當時的生活形態，種種有趣的知識都不是在學校課堂上能夠學到的。

鼓勵小兒子熱情發問

每當我們去參觀展覽，而小兒子有疑問時，我總是鼓勵他跟接待的指導員多多發問。博物館、美術館、植物園裡的指導員個個知識豐富，有時候他們獨樹一幟的論點，也不是課本上就能學習到的。

主題公園更是小兒子成長中不可或缺的景點之一，尤其是迪士尼樂園，**既是慰勞獎勵他的好去處，也是教導他耐心、守規矩排隊的好地方。**

小兒子小學的時候，學業方面毫不出色，心思完全不放在學業上，得過且過，所以我只要求他把學校的功課做完就好。對於這個小時候各方面表現都不如兄姊的小兒子，我除了給他加倍的愛心與耐心外，別無他法。

小兒子的獎盃。

兄姊的學校功課，到了五年級以後，我已經很少再檢查過問了，可是小兒子的功課，我一直操心至七年級，等到他能夠自動自發、有所領悟時，我才鬆了一口氣。

我常常鼓勵小兒子，天生我才必有用。不斷的給他信心，我也不願意他活在哥哥姊姊的陰影下，所以一再的告訴他不用跟哥哥姊姊相比較，因為聞道有先後，術業有專攻，他必然有他的長處的，也因為如此，小兒子儘管在互相競爭特別激烈的一群同學環伺中，他卻始終怡然自得。溫和的個性，從不介入任何紛爭，一直是同學中人緣最好的一位。

小兒子的「大」願望

小兒子六年級時，大兒子在十二年級第一學期尚未結束前，十二月中旬就被哈佛大學錄取，不但在大兒子的高中引起轟動，小兒子也與有榮焉的接受許多朋友的道賀。

有一天，小兒子告訴我，他以後也想要到哈佛大學念書。

我想著那不可預知的未來，告訴他：「美國有很多很好的大學，並不是只有哈佛大學，你只要盡力而為，我就很高興了。」

小兒子問我：「媽咪，你是覺得我上不了哈佛大學，所以你才這麼說？」

我趕忙告訴小兒子：「你是媽咪最寶貝的小兒子，我希望你將來能夠留在加州念大學。這樣，媽咪就可以常常看到你，好嗎？」

小兒子雖然當時點點頭答應了，可是從那時候起，他就開始注意學校什麼時候要考試了。考試前，他居然主動的要我幫他複習功課，也似乎是從那個時候開始，我的小兒子開竅了。那年的暑假，小兒子自動自發的在學校選修了一堂他以前避之唯恐不及的寫作課。

田徑大賽過後，我感覺到小兒子似乎一下子長大了、變成熟了。學期結束時，在結業典禮上，小兒子被教練選為年度的「最有價值的運動員」（MVP）。

之後，手裡握著MVP獎牌的小兒子告訴我：「自從在運動場上受到大家的歡呼之後，我突然對自己充滿了信心。我現在不但要做運動場上的MVP，我也要做教室的MVP。」

我對於小兒子有這樣的志氣非常高興，我告訴他：「**這就是榮譽感。一個人一旦對自己有了榮譽感，就會努力向上，做任何事情都會盡力。**就像你當初在比賽時，告訴第三棒的隊友『盡力就好』一樣。」

成熟的蛻變，在課業上展現企圖心

小兒子八年級開學後，我們送走了大兒子及女兒到哈佛大學上學，家裡不免寂寞冷清。這時，家裡來了一位從西班牙來的交換學生Boja，他與小兒子一同上學作息。頓時，家裡又熱鬧起來。

Boja與另外十五名同學都是馬德里一家私立中學八年級的學生，經過甄選，他們一起來到小兒子的班上當交換學生，學習美國的文化及體會美式生活，而來年的春天，小兒子將與班上其他同學到此家中學當交換學生，屆時，Boja家庭將成為小兒子的接待家庭。

Boja到達那天，我去學校接他們回家的時候，Boja才發覺他的手機不見了，他非常的懊惱。小兒子則用西班牙文夾雜著英文，不斷的問Boja最後一次是什麼時候用手機，以及可能弄丟的地方等等。Boja告訴小兒子可能是掉在飛機上時，小兒子連忙跑進辦公室，請祕書趕快打電話至機場詢問，忙進忙出的，就像平日我在幫他找東西的樣子。

我們在回家等消息的路上，小兒子不斷的安慰這遠道而來的小客人。回到家後，小兒子自告奮勇的幫Boja詢問電話公司，西班牙國際電話的代號，好讓他能夠打電話回馬德里。

小客人跟他的父母報平安後，小兒子和我也輪流跟他的父母寒暄。小兒子在電話中，很誠懇的告訴Boja的父母，Boja會受到很好的照顧，請他們不用擔心。

Boja在我們家的一個月裡，我們除了照顧他的生活起居外，小兒子還教他英文，教他閱讀，陪著他一起唸《哈利波特》的故事書，每天帶著他一同上學，一同踢足球、游泳、看電影，每個週末陪著他暢遊南加州的主題公園及各處名勝。

突然間，一直是受著父母兄姊百般呵護的小兒子，變成了能夠照顧Boja的小哥哥了，而班上另外兩位交換學生一直跟接待家庭處得不好。到了後期，這兩位交換學生透過小兒子，希望我能答應讓他們搬到我家。

我原先猶豫再三，沒有答應，但禁不住小兒子不斷的請求，只得答應。後來經過幾位交換學生及接待家庭的同學與小兒子討論後，再由學校出面協調，這兩位交換學生全部搬到我家來了。

一下子，我家成了男生宿舍，雖然最後的一個星期，每天早上催促著這四個半大不小的孩子準時上學，叫我頭痛萬分，可是看著我的小兒子，除了照顧Boja之外，也幫著我張羅著另外兩個西班牙同學的生活起居，而且能夠處處替別人設想，似乎又更成熟了些，我非常的欣慰。

而那些日子，我最常用的西班牙話是「arriba, arriba, andale, andale!」（起床了，起床了，快點，快點），也讓這些馬德里來的孩子們學習到以前從未聽過的墨西哥卡通影片裡的西班牙語！

在Boja及他的同學們回家後，我很驚喜的發現小兒子努力的在學習西班牙文，似乎是在替來年的西班牙遊學之旅做準備。小兒子除了在學校選修西班牙文外，還破天荒的第一次要求我幫他找家教，以便練習西班牙文會話。

當小兒子提出這個要求時，我知道他已經擺脫過去對學業不在乎、事事不經

小兒子七歲時，在游泳跳水比賽獲獎。

心的態度了。他已經脫胎換骨變成一個對自己有所期待，有著強烈榮譽感的少年了！

我們以你為榮

兒子看到這些作品，愣了良久，
接著他的眼淚就掉下來。
他哭著對我說：「媽咪，我不參加比賽了。」

大兒子小學三年級時，學校的社會學科，教的是加州歷史，其中有一段講一八四八年開始的淘金熱，歷史上對湧向加州淘金的人俗稱為四九人（forty-niners），而贏過多次超級盃冠軍的舊金山四九人足球隊就是以此而命名。

大兒子從小就熱愛運動，而對於這支球隊的種種更是著迷，自從他知道這支球隊的命名由來之後，就對於一八四九年左右，一群外來者爭先恐後趕赴加州淘金的歷史大感興趣，進而變成對整個加州歷史都非常熱衷。

對於孩子有興趣的領域，父母的引導，會讓孩子的學習更深入

大兒子的數學資質從小就有過人之處，如今他對文史如此有興趣，我自然是非常高興。

除了每天下課後，仔細聆聽他講述在課堂上新學的加州歷史知識外，也帶他去圖書館找些資料，看些加州歷史的影片，例如一些淘金的小故事、印地安人小孩與淘金者的小孩變成朋友的電影。假日時，也帶他去附近的博物館，參觀一些有關加州歷史的展覽及古蹟。我自己也學到很多從前不知道的新知識，非常的有趣，況且與八歲的大兒子一起學、一起分享，更是別有一番滋味。

那時候，我也領悟到孩子們對於自己有興趣的東西，學起來就事半功倍。不過如何讓孩子們在學習新知識的同時，也能夠讓他們享受到學習的趣味，這是我們做父母的課題之一。

「暗潮洶湧」的歷史作業

寒假過完後，第二個學期一開始時，教歷史的老師就告訴班上小朋友們，學期

結束前，將舉行一個歷史課的比賽，就是大家需要交一份作業。只要是這一學年裡學習過的加州歷史，主題不拘，任何題目均可，而比賽的項目今年將多加口頭說明，比賽的成績將當作這學期的期末考成績，比賽當天，也將邀請所有的低年級老師為評審老師。

教歷史的是位年輕女老師，教育碩士班畢業後，來學校教書也才兩年，教材、進度都是沿襲及依照學校的教育小組決定的規範，再加上她自己研發的一些特點，教起歷史來，倒也頗為生動，再加上為人和善，與眾多家長互動良好，是個受歡迎的老師。

大兒子的這個班級，資深的家長占多數，因為這些家長們都有其他較年長的孩子們，現在都是高年級的學生，而這些資深家長們都已在這個學校出入多年，對於學校課程的進度、課業的規定都瞭若指掌。有些資深的家長們，對於老師的教學方式及家庭作業常常會有意見，甚至對於較資淺的老師也會指指點點，企圖影響老師。

而這堂歷史課的比賽，小朋友需要交作業的規定已行之有年。在家長們的聚會時，好幾次我都聽到這些資深家長們在討論小朋友們要交作業的事，相互詢問做什麼樣的主題。

我那時候心想，小朋友們交個報告，家長們有什麼好緊張的。**老師把範圍做那麼大，就是希望孩子們有獨立自主的空間**，哪裡需要這樣煞有介事的互相討論，替小朋友們出主意，甚至替他們擬定題目呢？

融合電影、歷史故事及展覽，令人驚豔的作業

大兒子對於交這份作業倒也滿熱衷的，由於他自己是舊金山四九人隊的球迷，所以他的作業就打算從一八四九年淘金歷史做起。

大兒子告訴我說，在聖誕節假期間，我們曾經帶他們兄妹到南加州附近的一個遊樂園去玩，裡面有個主題公園，模擬當年淘金的情況，擺設了一些淘金的道具，可以讓遊客們實際動手操作淘金。那時當我帶弟弟去坐碰碰車時，爸爸就帶著他和妹妹去那個主題公園玩了好一陣子。大兒子說，淘金非常的好玩。

我沒注意到的地方，他倒是記得了，於是，他就憑著自己的記憶所及，搜集了一些一分錢的銅幣當成是金子，也拿了玩具裡的小滑梯，當成洗金子過程的道具之一，另外，還加上玩具鐵鎚、小篩網，及他自己的小筆筒都當成鍊金的道具，林林總總、琳琅滿目。

另一個場景，他則是做外來淘金者及印地安人的戰爭。他用筷子、童軍繩及各色黏土做成印地安人的帳篷，自己畫河流，拿面孔較白的玩具人當成白人的淘金者，做成與印地安人打仗對峙的場景。印地安人賴以為生的捕魚、打獵及耕作，他都是經由畫圖或是玩具展示出來。

這份作業，大兒子完全憑藉他之前看過的電影、歷史故事、展覽，及老師教的歷史來構思作為藍圖，然後自己畫圖、勞作剪貼做成的，我完全沒有插手的餘地。

作業做好之後，我很驚訝的發現大兒子，一個八歲的孩童能有如此的邏輯及概念，尤其是他的美工天分，更是出乎我意料之外，因為我是個不會畫圖的人。我對勞作、美術一概一竅不通，我先生更是個連燈泡壞了都得找人來換的一家之主，而我們的兒子竟有這樣的美工天分與才能，真叫我既驚又喜。

大兒子的眼淚

比賽的當天一大早兒子就起床，穿戴整齊後，我們母子兩人小心翼翼的把成品放在車上，兒子信心滿滿的上學去了。

到了學校，遠遠的就看見Ryan當建築師的爸爸，推著一個巨大的模型走了過來。模型裡面有著一排排西班牙式建築的房子，房子外還有小橋流水、棕櫚樹、椰子樹及馬群、羊群，左下角還註明房子的模型與實際的尺寸比例。整個成品非常的精緻、雄偉，比房地產公司的預售屋模型還要吸引人。

Molly的媽媽則幫Molly搬進來一個用合成板釘成的房子，房子外的溪水用特殊黏膠漆成一輪明月反射在水面上的光亮，非常漂亮。

另外，有一個小朋友的印地安人帳篷是用帆布做的，色彩鮮豔，非常的有印地安人的特色，看了都令人想住進去。

大家爭奇鬥豔，各顯神通。這些成品，最大的特色，就是絕對不是一個八、九歲孩童能做得出來的作品。

兒子看到這些作品，愣了良久，接著他的眼淚就掉下來。他哭著對我說：「媽咪，我不參加比賽了。Ryan什麼都不會，可是他的作業卻做得比我好。」

兒子越說越傷心，我只得把他帶到教室外。年輕的歷史老師看到兒子在哭，也跟著我們出來，問我怎麼一回事。

我只簡單的告訴她：「把小朋友的作品跟大人半職業性的作品，放在一起比賽，可能不是件好事。」

兒子則說：「這是不公平的，我的爸爸媽媽都沒有幫我做作業，全部是我自己做成的，而別人的作品都有爸爸媽媽幫忙，結果都做得比我好，所以我不參賽了，我想要回家了。」

我則對兒子說：「要不要參加比賽已經不是你能決定的了。你不能自己覺得贏不了，就不參加。既然做了那麼多準備，也用心完成了作業，你怎麼能不參賽呢？比賽還沒開始，你怎麼能就放棄呢？」接著，我摟著哭得傷心的兒子說：「無論結果如何，我還是以你為榮，你永遠是我的好兒子。」

在一旁的老師始終眉頭深鎖，不發一語，只有不斷的替兒子擦淚。

贏得滿堂采

當大家參觀、瀏覽完所有作品後，接著就是第二輪的口頭說明。輪到兒子解說自己的作品時，他清楚的說明淘金潮的由來，以及鍊金的過程。由於他的鍊金工具很可愛，小朋友們很好奇，不斷的發問。

一個小朋友問大兒子：「為什麼篩完金子，還要放在火爐子裡煮？」

「放在爐子裡，才能燒出一塊塊的金塊。」兒子指著玩具金塊告訴大家。

他把在遊樂園及電影裡看到的淘金及鍊金的場景，仔細的告訴觀眾，然後再把時間拉回一八五六年，大兒子告訴大家，印地安人與外來的淘金者一再發生衝突，印地安人一再被逼走，印地安人死亡、人口遽減及土地逐漸喪失的過程。

兒子演說完畢時，有位評審的老師說了句：「哇，真棒！」一些小朋友及家長熱情的拍手。

其實，大部分的小朋友在介紹作品時，都拿著事先寫好的稿子唸。當Ryan說明他的作品後，兒子問他：「你的作品上用斜體字註明的尺寸比例，是什麼意思？」

Ryan想了半天說：「我也不知道。」當建築師的爸爸只得起立說明。

有位小朋友問Molly：「為什麼溪河的顏色是白色的？」

Molly的媽媽回答說：「那是月亮照在河水上反射出來的光芒，會像白天一樣光亮。」

兒子接著問她說：「那印地安人不就可以看得很清楚，能夠在夜晚突擊了嗎？」Molly的媽媽只好說：「所以那天晚上要戒備森嚴。」說完後，她自己也笑了出來。

小朋友解說完之後，經過幾位老師閉門商量的結果，決定今年的比賽不評分，純粹是互相觀摩。

有些家長當場表達不滿。大家七嘴八舌的議論紛紛，年輕的女老師不知所措，

只得依靠在場的資深老師出來打圓場，才結束這場紛爭。

回家後，大兒子一開始很高興，因為Ryan的作品沒有拿到第一名，可是後來他覺得，既然這麼多人稱讚他的解說及作品，那麼得第一名的似乎應該是他，比賽怎麼能夠沒有得獎名次呢？

雖然我一再的安慰他，他還是覺得不平。

陪伴孩子面對人生挫折

結果，第二天朝會結束前，校長依例問小朋友們：「有沒有什麼事，要與同學們分享的？」

兒子站起來跟校長說：「我花了很多時間，找了很多的資料，做了一份很棒的歷史課作業，結果老師決定不給名次。我很失望，也覺得很不公平。」

校長那時才知道，老師把行之有年的比賽改成互相觀摩。

隔天，校長找我去校長室，詢問我對事情的看法。

我說：「小朋友做作業時，家長們或多或少都會幫忙，可是做過頭了，變成家長們之間的勞作美術競賽，就失去了意義。」

校長對我說：「我很同意你的看法，我仔細的看過所有的作業。有些作品，已經是職業性的水準了，誠如兆堂所言，這不是個公平的比賽。而且老師們告訴我，兆堂當天在解說作品時，既生動又有趣，而且還有問必答，可見他很認真的在讀加州歷史，也很用心的做這份作業。不過，經過這事情後，以後學校所有的作業，我們將要設些規則，讓家長們可以遵循。」

校長接著又問我，老師臨時把獎項名次取消，以及我們家兒子心生不平的看法。

我告訴校長：「那天的情況，對任何老師來說，都是很為難的，取消獎項也是無可厚非的。」

至於我兒子的感受，我說：「當他看到別人的作品時，他一開始是既吃驚又覺得羞愧，覺得被同學比了下去，後來知道是大人的成品時，他當然是不服氣的，更何況他是一個非常好勝的孩子，五歲的時候與一個十多歲的鄰居打電動遊戲，打輸時絕不肯罷休，一定要打到勝利為止。我費了很大的工夫，才讓他漸漸明瞭不可能什麼事都是他贏的，人生就是有輸有贏。如今，既然獎項已經取消，就讓他學習到人生總是有許多的突發狀況，必須接受及適應，況且前天當他講解完畢時，老師已經稱讚他，也有好幾位家長讚許的跟他握手，這樣也算是獎勵了。」

跟校長談了許久，他也同意我的看法。經歷挫折也是孩子成長學習的必要項目之一，而且應該教導孩子從容、優雅的面對挫折。

一個星期後是學期結束前的獎賞日，大兒子除了得到一些獎狀、獎品外，老師特別送給了他一個舊金山四九人球隊的足球，上面有校長和老師的簽名，同時寫著：我們以你為榮！

孩子，我也以你為榮。

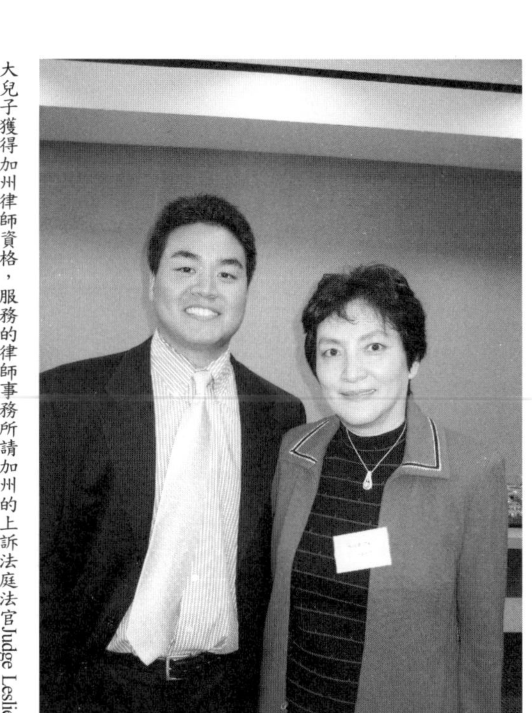

大兒子獲得加州律師資格，服務的律師事務所請加州的上訴法庭法官Judge Leslie A. Swain到事務所宣誓。我們參加宣誓典禮。

關於溝通——一隻不知名的小貓咪

沒想到，送走五隻小貓後，女兒卻念念不忘，
那隻或許我曾經看到過的第六隻小貓。
於是，我鼓勵她，不妨把自己的感想寫成文章，
還可以在晨間學校朝會的時候，與其他小朋友分享。

女兒在小學二年級時，我們搬到對面較大的新房子。搬進新房子後，後院卻常常來了個不速之客——一隻黑白混色的貓。

我常常在後院碰到這隻貓，一開始，這隻貓看到我一跺腳，就趕快逃走，但漸漸的，我跺腳已不足以嚇跑牠，反而是我自己感到害怕，只得趕緊進屋子。

進屋後，從窗口望著這隻越來越胖的肥貓，大搖大擺的在我家後院肆意行走，我越想越氣，簡直是喧賓奪主。後來，我想這隻貓膽敢如此肆無忌憚，一定是家裡有人在餵牠。

孩子們對貓的憐憫與付出

果不其然，當天晚上，當我問孩子們：「你們有沒有人在餵食一隻黑白色的貓？」

女兒馬上說：「媽咪，你常要我們幫助貧窮、可憐的人，可是，可憐的貓我們也是要幫助的，不是嗎？」

大兒子說：「這是一隻很可憐的貓，前幾個禮拜來後院的時候，餓得一直叫，到處在找食物。我們如果不給牠食物，牠就會餓死的，所以，我們餵牠牛奶和魚罐頭。」

我說：「你們這樣背著媽咪，偷偷的飼養這隻貓，對嗎？」

大兒子和女兒異口同聲說：「對不起，對不起，媽咪你怕貓，如果跟你說，你一定不會答應的。」

女兒說：「我們餵貓已經餵了兩個星期，過去兩個星期，你也沒發覺。」

大兒子馬上接著說：「對媽咪你的生活也沒發生影響，牠不敢靠近你的。牠只是一隻可憐的貓。」

我問：「要是貓呼朋引伴，來了一大群，怎麼辦？」

大兒子說：「到時候再趕啊！牠要是有伴，或者附近鄰居有人餵牠食物，牠就會走的。」

我問：「你怎麼知道的？」

他說：「我去問六年級教動物的老師，這是他告訴我的。」

聽完七歲大兒子及六歲女兒的一番話，對於他們的愛心及處理方式，我暗自驚喜，雖然他們是偷偷的在給我一向害怕的貓餵食。

教導孩子，疏通勝於圍堵

孩子們開始上學後，我盡量讓孩子們涉獵各方面的知識，我不願意他們將來只是個會念書的書呆子。

我漸漸的發覺大兒子及女兒，無論是在日常生活上的體驗及學校的課業，他們常常都有自己的想法與做法，而平常我教導他們，凡事要多思考，任何事都要有應變的方法，如今，看看他們現在的做法與想法，這不正是平常我所教導的嗎？

我也明白，我若採取圍堵的方法，一味的只用限制、壓抑的手法，是沒有用

的。我必須要跟他們溝通，讓他們自己去思考、去發揮、去體驗。有些事，我只能從旁輔導，進而與他們共同商量出個可行的辦法，才是上策。

而他們兄妹兩人，平時看似愛吵架，甚至打架，可是，對於他們堅持的議題，或是有旁人介入時，他們倆倒是團結一致的。

我自己有了這層體認後，我只得告訴他們：「好吧！那就按照你們的方式，讓你們在後院放食物給牠吃，可是，從這一刻起，不論大小事都得跟我商量，不可以再瞞我了！」我深深體會到，教導他們的方式，疏通是勝於圍堵的。

就這樣，我被逼著買貓食給一向我最害怕的貓吃，孩子們每天放著一些貓食在後院的一個角落，讓這隻流浪的黑白貓餓了就可以來吃。

六隻貓咪baby！

過了一陣子，一天下午，孩子們放學前，我正要出門去接他們回家時，我居然看見這隻流浪貓，帶著六隻有些是黑白，有些是夾雜棕色的小貓，窩在後院的一角，我真嚇了一跳，突然間，我的後院變成貓園了。而原來這隻黑白貓是母貓，不知道這隻母貓什麼時候生了這一窩小貓。

我連忙打電話給鄰居格蘭岱太太，問她怎麼辦。她說，她會帶著小毛毯先過來看看，然後要我聯繫市政府動物保護協會的單位。動物保護協會的人員告訴我，他們一個小時之內會過來捕捉貓，包括母貓在內，可是，要是三天之內沒有人認養這些貓，依照規定，他們單位必須要將這些貓安樂死。

我一聽，連忙說：「算了，千萬不要來捕捉了，我自己想辦法。」

放學後，我告訴孩子們，這隻黑白貓生了六隻小貓。起先，孩子們興奮的要趕著回家看小貓。

念小學三年級的大兒子想了想卻說：「媽咪這麼怕貓，我們不可能把小貓養在家裡面的，而且總共是六隻小貓，真是太多了，怎麼養呢？」

大兒子的話，讓我覺得很窩心。

大兒子又說：「我曾經看過紀錄片，片子裡說，貓不管是不是野貓，有時候會吃掉自己的baby的。」

我把市政府動物保護協會的規章也告訴孩子們。之後，我們大家商討了一陣子，決定先要把小貓送走，免得被自己的母貓或者其他的貓狗吃掉。

大兒子主動畫認養海報

我本想一個一個打電話問朋友。沒想到，大兒子自告奮勇地說：「我可以畫認養小貓咪的海報。」我們都很贊成，我也在心裡感動大兒子的主動。

於是，大兒子馬上帶著妹妹到學校的圖書館去畫海報。一會兒工夫，他們就完成一張海報。上面畫著一隻黑白貓和六隻小貓，徵求領養家庭，海報畫得甚是可愛。

在取得負責老師的同意下，大兒子和女兒把海報放在醒目的地方，讓來帶學童回家的家長們及小朋友們都看得見。

結果，當場就有三位媽媽，禁不住自家孩子的請求，表示願意領養小貓。

我說：「那也別等到明天了，乾脆現在就跟我回家去帶小貓吧！」

回到家，到了後院一看，母貓不見了，只剩下一張隔壁格蘭岱太太帶過來的毛毯和五隻小貓。

女兒問我：「媽咪，怎麼只有五隻小貓，你不是說六隻嗎？」

大兒子也問我說：「是不是看錯了？或者算錯了？」

格蘭岱太太說，她過來探望時，就只見五隻小貓了。

三位媽媽中，其中有一位領了一隻黑白的，一隻棕色的，共兩隻小貓回家，其他兩人分別領養了一隻黑白色的小貓回家。最後，就只剩下一隻棕色毛較多的小貓，留在我家後院。

傍晚，園丁來整理院子時，我問他是否願意把剩下的一隻小貓帶回家飼養，沒想到他一口就答應了。

鼓勵女兒將心情寫出來

但沒想到，送走了五隻小貓後，女兒卻念念不忘，那隻或許我曾經看到過的第六隻小貓。

連續兩天，女兒和大兒子在後院放的貓食，似乎都沒有貓來吃過。孩子們放學後，都在附近的住家仔細的查看有沒有那隻母貓及小貓的蹤影，也去問了左鄰右舍幾戶人家。

晚上睡覺前，女兒問我：「媽咪你想，到底你有沒有算錯?到底是五隻，還是六隻小貓？」

我安慰她說：「大概媽咪看錯了，也許是五隻小貓吧！」

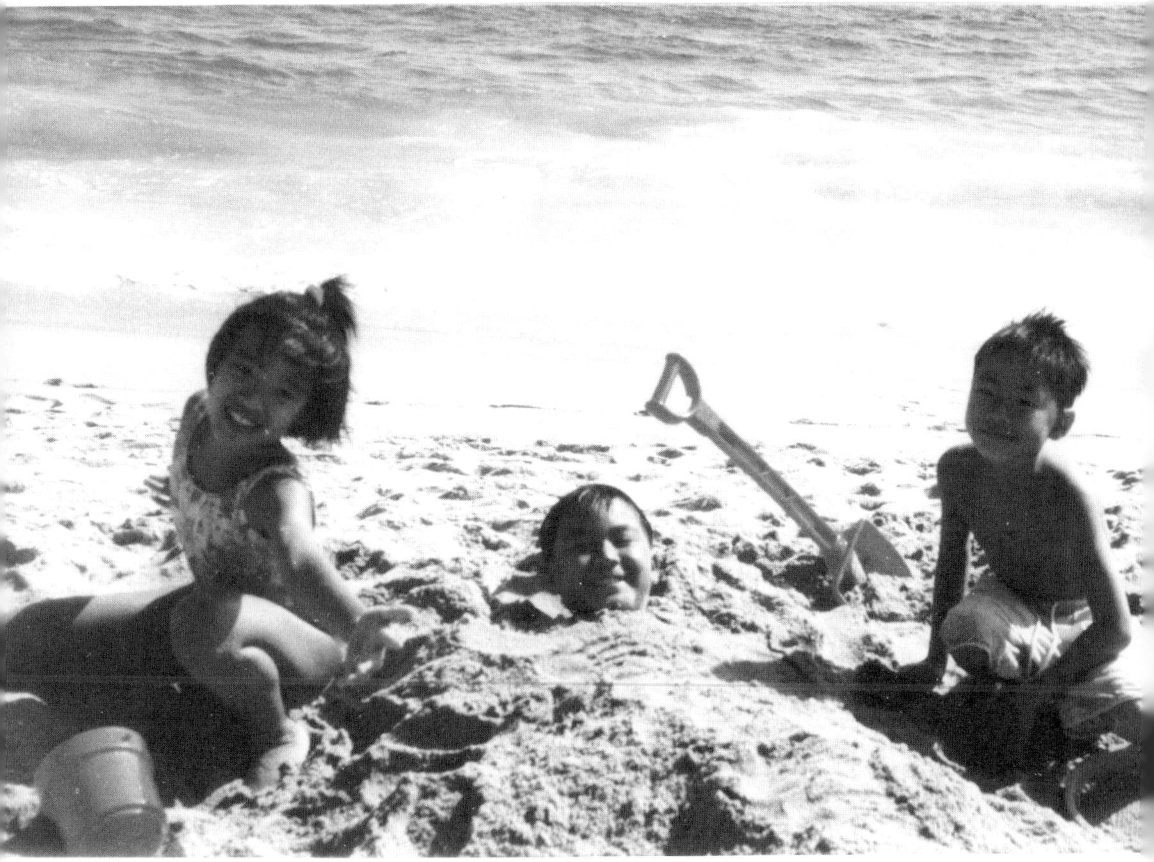

三兄妹調皮的在沙灘上遊玩。

不料，女兒卻說：「媽咪，你從來沒有看錯過的，每次你總是對的呢！」

那時候，她每晚睡前所閱讀的書叫做《心靈雞湯》。那本書裡，也描述了一些有關貓、狗與小孩的故事，我看女兒為了到底有沒有這麼一隻小貓，以及小貓的下落，耿耿於懷，我就鼓勵她，不妨仿照《心靈雞湯》裡短文或短詩的方式，把自己的感想寫成文章，還可以在晨間學校朝會的時候，與其他的小朋友分享。

「畫出來」、「寫出來」是親子間很好的溝通方式

自從孩子們懂事後，每天除了講話、口頭表達之外，我也教導他們，把他們心中的疑問或感想「畫出來」。孩子們會拼音、寫字之後，我就要他們把所看到新鮮的事物，或者學到的新知識，及一切的情緒都「寫出來」。

我覺得小孩子對於「說」與「寫」兩種表達的方式，有時候會呈現出截然不同的感想，而學齡後的孩子，經過思考以後寫出來的東西，往往更能表達出他們內心真正的感觸。**即使是能言善道的孩子，有時候，文章、短詩抒寫出來的東西，更能讓我們為人父母的了解他們的想法。**

同樣的，**做父母的在教導孩子新的概念或知識時，若用寫的或畫圖的方式，往**

往會比口頭上的教導，更容易讓孩子們了解。

例如，六、七歲以前的孩童，有時候會把現實與幻想搞混在一起，尤其是童話、寓言故事裡的情節，孩子們會與實際的生活搞不清楚，可是我發現，如果教導孩子們把現實與幻想同時分門別類的畫出來或是寫出來，他們就會很清楚的知道，什麼是現實，什麼是童話。

一開始，我是因為小兒子剛出生時，根本沒有辦法照顧到兩個大的，只好天天叫他們兩個在我的床邊寫寫畫畫的。日子久了，他們倒是養成了寫作的習慣，而且也寫出了心得。

我們家的孩子，雖然沒有寫日記的習慣，但他們從小就常常把日常生活或者學校的點點滴滴，及我們討論過的大小事，習慣寫成文章或短詩。

女兒的動人文章

當我要女兒把她念念不忘，而實際上也不知有無的第六隻小貓寫成短文或短詩時，女兒說：「我已經想好要怎麼寫了。」

An unknown kitty
A little kitty, black and white, Maybe brown
My mommy saw,
Maybe no.
Where are you hiding?
Maybe you are happy,
With your mommy.
No need to come back now,
Because no brothers and sisters
Playing with you any more!

翻譯成中文為：

一隻不知名的小貓咪
一隻小貓咪，也許是黑白色的，也許是棕色的。
我的媽咪曾看見過，
或許未曾遇見過。

小貓你到底在何方？
或許你很快樂的
跟著你的媽咪在一起。
請不用再回來，
因為已經沒有兄弟姊妹
等待與你玩耍了！

寫完短詩後，女兒很高興，好似從煩惱中解脫，不再擔心這隻小貓了。她開始與我討論《心靈雞湯》裡的故事，說著說著，居然睡著了。

我幫她蓋好被子，轉身要離開時，只聽見她說：「媽咪，謝謝你！」

我說：「你要謝謝媽咪什麼？」

女兒說：「哥哥和我知道你很怕貓，又很不喜歡貓咪，可是你為了要幫助我們，你去買貓食，你也讓那隻流浪貓來後院吃食物喝水、喝牛奶。你是個仁慈的好媽咪，我好愛你！」

被女兒的迷湯灌得暈頭轉向的我說：「我也很愛你，你是我的心肝寶貝。我很高興，你們覺得我是個仁慈的好媽咪。」

精靈的女兒接著說：「那麼，明天下課後，我們可不可以去Sanrio玩具店呢？我可不可以擁有一隻Hello Kitty粉紅色的小貓咪，取代真的小貓咪，讓Hello Kitty 天天陪我睡覺呢？」

看著甜言蜜語的女兒，我能說不嗎？

品格與學習態度的建立

大兒子很小的時候，就好奇為什麼花草要澆水。
我就買兩個小盆栽，讓他親身體驗一盆澆水，與另一盆栽不澆水的結果。
接著，他問我為什麼冷氣從天花板的洞口出來後，屋子就變涼了？
我只得找水電工，帶他爬上天花板上的閣樓，看冷氣管子的接口，以及室外的壓縮機。

很多人好奇我如何教養出三個上哈佛的孩子，其實我三個孩子的資質，從小就不一樣，個性也迥然不同，他們三個小的時候對於同一件事情的反應也截然不同。因此，對於三個孩子的啟蒙及教養，我採取了不同的方式。

以不同方式教養孩子時，需注意他們的內心感受

我發現很多時候，經驗是沒有用的，適合大兒子或女兒的方式，對於我的小兒

子卻全然無效，我只能靠自己不斷的摸索，不停的試驗。

而在運用不同方式的時候，我們做父母的，得用更多的心力去找尋中間的平衡點。因為在用不同的方式教養不同的孩子時，孩子的心中可能會產生不平，譬如為什麼哥哥放學後就可以先打球，而弟弟必須先寫功課才可以打球？為什麼弟弟可以看電影，不用閱讀故事書，而哥哥姊姊同年齡的時候，必須讀完故事書，才能看電影呢？

這個時候，我們**做父母的，必須用更多的耐心解釋給孩子們聽，千萬不要在費盡心思教養他們的同時，卻無意中，讓他們彼此產生怨懟的情結。**

小兒子小的時候，我的親朋好友，尤其是我的妹妹，總覺得我特別寵愛小兒子，及對小兒子有特別寬容之嫌，我深怕兩個大的孩子因此而產生不平之心，所以在對他們有不同待遇的時候，我總是費盡口舌，盡量解釋，務求哥哥姊姊心平氣和，了解父母的苦心，也才能使得哥哥姊姊對這個弟弟永遠能夠有份憐愛之情與寬容之心。

陪伴大兒子，做實驗，一起找出答案

其實，大兒子從牙牙學語開始，對任何事物都充滿了好奇。他不斷的問為什

麼，問到令人難以招架，而他自己也不斷的身體力行找答案，也因此他的活動力超強，只要他能摸得到的東西，每樣東西都拆得體無完膚，無一倖免。

為了滿足他強烈的好奇心，我就變著花樣，想著辦法，到處做實驗，找答案給他看。

例如他很小的時候，就好奇為什麼花草要澆水。我就買兩個小盆栽，讓他親身體驗一盆澆水，與另一盆不澆水的結果。

接著，他問我為什麼冷氣從天花板的洞口出來後，屋子就變涼了？我只得找水電工，帶他爬上天花板上的閣樓，看冷氣管子的接口，以及室外的壓縮機。

他兩歲多的時候，不相信電燈泡的底座有電流，趁我在換床前的小燈泡沒注意時，自己插上電源，用手指去觸摸燈泡底座，非得自己手指頭被電變黑了，嚇得哭了出來，才肯相信電線能夠導電至燈泡的底座。

嚴格要求大兒子的品格與學習態度

大兒子到了能寫、能算的年紀時，除了他本身的理解力，我也開始培養他的專注力，除了從聽故事、閱讀培養他的專注力外，任何他玩的積木、蓋的玩具房子，我要求他，只要一開始做了，每個作品一定要做完了，才可以開始再做另外一個。我發覺這也是專注力集中的另外一種養成方法。

大兒子小學時，我曾經帶他去做智力測驗，他的智商比一般學童高出甚多，因此我非常在意他的學習態度以及品行。因為大兒子能夠集中注意力，而且吸收力甚強，只要他有興趣學的東西，他就能夠融會貫通，可是他生性調皮搗蛋，常常愛開玩笑，因此我要求他，無論是在學校上課，或學習其他的才藝，態度一定要認真。他有時候愛捉弄人，有時玩笑開得太過火，我就罰他不准出門打球。

孩子小的時候，我常常在學校幫忙，因此孩子們功課的進度及學習情況，我或多或少都明瞭。學校的每一門功課對大兒子而言，從來不是難事。他的家庭作業，往往都在學校自習的時間就做完，很少帶回家，因此我從來不用對他的功課費心。

大兒子從小學三年級後，只要學校有大的作業要交，我們都會一起討論，他也會詢問我的意見及看法，務求盡善盡美，這也讓我更確認他追求完美的個性。

到了六年級以後，他覺得他自己能夠處理掌握作業了，他又回復到小的時候一樣，一切自己來的光景。從此以後，我只需定期等待學校的成績報告，大兒子的功

課就完全不用我操心了。

主動爭取，衝刺課業

上了公立的初中七年級時，學校安排大兒子和另外兩名八年級的同學，每天上午九點到公立高中念榮譽班的幾何數學。當時，學區每天派了一輛六十人座的學校巴士，載他們三人往返高中上數學課。第一天去高中上課的時候，初中的校長、數學部門主任以及家長們還陪著，聲勢之浩大，頗為壯觀。有一天，我在路上遇見了載著大兒子他們三人的學校大巴士，不禁啞然失笑。

上了公立高中後，大兒子自己爭取到附近著名的理工學院選修高深數學，我陪著他與大學的註冊主任、數學系教授，以及高中的升學顧問多次開會，最後趕在學校開學前，終於協調出三方面都可以接受而可行的課程以及時間表。

當時我能夠替他做的就是，每天上午的時候，在高中的學校停車場等他，等他一出了教室，趕忙載他到大學上課，然後在大學裡耐心的等他下課後，再連忙送他回高中去上課，以及準備午餐，讓他在回去高中上課的途中能夠填飽肚子。

大兒子率領哈佛大學高爾夫球校隊全體隊員與兩位教練開心慶功。

以第一名畢業，並接獲哈佛大學「提早錄取」通知

大兒子非常的適應這種他從初中就開始，奔波於兩個不同學校的學習方式，而且樂此不疲。其實，那個時候當他從大學上完課回到高中上課時，大半節課的時間已經過去了，再加上下午的時候，他常常代表學校出去參加高爾夫球校際比賽，所以有的時候，他一天在高中上課的時間不到兩個鐘頭。我一開始很擔心，後來看他連大學的數學都念得很

好，就不再操心了。

大兒子在十二年級的第一學期尚未結束時，十二月中旬就收到哈佛大學「提早錄取」（early action）的通知，學校的師長知道後都興奮不已，因為學校已經多年沒有學生進入哈佛大學了。

大兒子不僅替自己在哈佛大學打開了一條通路，也替後來的學弟學妹們，包括自己的妹妹弟弟，在哈佛大學打開了高中母校的知名度，因為從大兒子之後，幾乎每一、兩年，學校都有一位應屆畢業生被哈佛大學錄取。

而大兒子不僅在學業上表現突出，更是在高爾夫球校際比賽，在個人組中一路奪魁，甚至打進了南加州區域的最後決賽。大兒子是當年全美五十名可口可樂學者獎的得主之一，除了他之外，至今學校還尚無一人得此殊榮。當大兒子以第一名的成績，代表畢業生致詞時，所有的師長都覺得實至名歸。

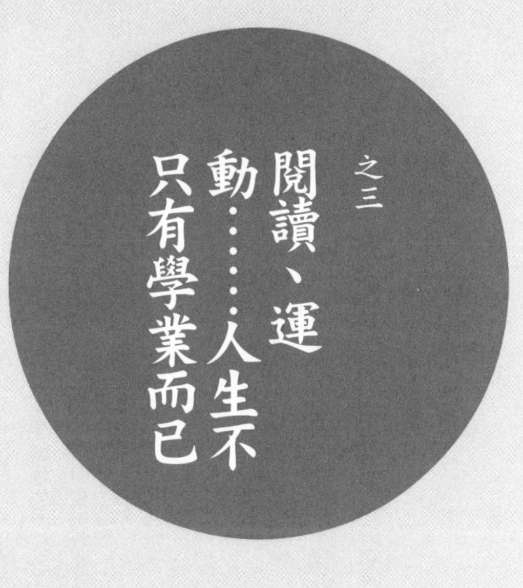
之三
閱讀、運
動……人生不
只有學業而已

孩子該學才藝嗎？——鋼琴與小提琴

女兒讓我非常驚訝，她想繼續學鋼琴，而且已經找好了新老師。
我說：「我聽說她很嚴格的，你確定你能達到她的要求？」
女兒說：「我想我能達到她的要求的。我和哥哥學鋼琴學了很久，固然很fun，可是我想要有一些突破，我想要把鋼琴彈得很好。」

記得小學一年級時，我開始學鋼琴，啟蒙老師是父執輩的鋼琴演奏家高錦花女士。那時候，家裡剛搬到台南，還沒有買鋼琴，因此高老師要我每天下課後，到她家練琴。

六歲時的志願

在高老師那兒學到了什麼，已不復記憶，只記得高老師對我和藹可親，還有她

家人來人往的。她的學生們大多是準備到日本留學、比賽以及開演奏會的大人，我是唯一的初學者及小孩子。當高老師與那些大學生們上課或者練琴時，用的是大型的演奏用鋼琴，每每將大鋼琴的音箱打開演奏時，儘管我聽不懂任何樂曲，卻在我小小的心靈，留下一層感動，對那些大哥哥大姊姊的鋼琴才藝好生羨慕。

六歲時的我，那時最大的志願就是像高老師一樣，成為一個令人崇拜的鋼琴演奏家。從那時起，也讓我與鋼琴結下了不解之緣。

小學二年級時，因父親調職的緣故，我們舉家搬至台中。離開台南時，高錦花老師一再叮嚀，要我繼續學鋼琴，而且，她已經聯絡好她住在台中的堂妹音樂家高雅美女士，希望我能拜師於高雅美老師門下。

搬到台中之後，才知道原來高雅美老師就住在隔壁。其實，高雅美老師是當時赫赫有名的聲樂家，鋼琴造詣也頗深。

一開始時，她希望我追隨她學聲樂，後來，大概是發覺我實在沒有唱歌的天分，只得教我鋼琴。

因為老師就住在隔壁，她要是久久沒有聽到我們家的鋼琴聲，而是嬉戲聲時，高老師就會隔著竹籬笆，喊著要我們練琴。就這樣，我追隨在兩位鼎鼎大名的高老師門下，學習鋼琴將近八年的光陰。

說來慚愧，即使學藝在名師門下，對於彈鋼琴這項才藝，我絲毫沒有傲人之處。這幾十年來，我從沒有實現過六歲時的願望，只有高中時替班上的合唱團當伴奏，讓我有些小小的成就感。

這也讓我深深體會到，**學音樂除了要天分，後天的努力更是重要，這兩者缺一不可**，也是基於這點認識，當我的孩子們開始學鋼琴時，我不逼著他們練琴，我希望他們能在學習鋼琴中，找到樂趣。

以輕鬆方式，引導孩子學琴

因此，一開始的Do Re Mi及五線譜是我自己教他們的，他們彈的曲子都是剛學過的兒歌及童謠，因此他們彈起來還滿有興趣的。我們每天沒有固定的上課時間，往往是他們一聽我在彈琴，就會跑過來。

我引誘他們的方法是先放卡拉ＯＫ歌曲，再彈鋼琴。大兒子和女兒總是會搶著唱歌，然後再學彈琴。

有好一陣子，大兒子總是喜歡用同一根指頭彈一首曲子，我知道這並不是正確的彈鋼琴指法，可是，他覺得好玩，樂此不疲。我為了不掃他的興，也不願意因為強迫他改正，而減少了他對鋼琴的熱衷，只得隨著他邊玩邊彈。

一直到已經找不到卡拉ＯＫ的曲子來吸引他們，以及樂理方面我也講不清楚，在自知沒有能力再教他們時，我就開始尋找合適的鋼琴老師來教他們。

我四處打聽，也面談了幾位老師，希望能夠找到一位寓教於樂的鋼琴老師，可是一直找不到跟我理念相同的老師，尋尋覓覓，頗費周章，後來經朋友介紹，孩子們就跟著一位附近著名的兒童鋼琴教師Ｍ老師學琴。

苦不堪言的練琴過程

學了不久後，Ｍ老師告訴我，我的大兒子及女兒很有音樂天分，起先我半信半疑，也不知這位原籍蘇俄的中年太太是如何說服我的，我居然信了她的說法，也同意她的教法，也就是每個學童每天至少要練鋼琴三十分鐘。

那一陣子，固然大兒子及女兒琴藝突飛猛進，可是，每天催著、喊著要他們練琴，即使是十五分鐘的練琴，也是個頭大的問題，不知道讓我死了多少細胞。

後來漸漸的，每次要去老師家上課前，孩子們總是狀況百出，不是頭痛、拉肚子，就是手指痠痛，甚至前一分鐘還在跑跑跳跳，臨要上課時，卻稱腳痛，以至全身不舒服，什麼理由都有。

有的是真正的狀況，導致不能去上課，更多的時候，是把小事鬧大，大到不能去上課。每次都叫我啼笑皆非，但也讓我明白，他們對上M老師的課越來越排斥，也對學鋼琴根本就失去了興趣，到後來幾乎每次臨上課了，他們都說找不到音樂譜子課本，實在令我氣結。

我不斷的反省與檢討，他們之所以這麼不喜歡練琴，以及排斥嚴厲的老師，這可能是我自己從一開始就沒有嚴格要求他們，總是讓他們have fun慣了，這也讓我得到一個寶貴的經驗，那就是**父母的態度很重要，規矩是從小就養成而成為習慣的。**

女兒七歲時參加鋼琴比賽。

大兒子正在學Suzuki小提琴。

我一再的反省自己，因為根據M老師的說法，我似乎是扼殺了音樂的天才，可是仔細想想，天才的培訓也是要付出許多代價的，代價之一就是要犧牲許多歡笑，以及減少一些他們有興趣的活動，只是這樣值得嗎？而且這兩個孩子，越大就越沒有辦法用強迫的，只能循循善誘，用討論的方式與他們溝通。

後來，經過與大兒子及女兒討論的結果，他們同意繼續學鋼琴，可是再也不願意跟隨嚴格的老師學琴。他們覺得嚴格的老師壓抑了他們對鋼琴的喜愛，而且每天苦苦的練習，讓他們產生心理反作用。

我只得又開始尋覓新的鋼琴老師。

重拾對鋼琴的熱愛

皇天不負苦心人，經過多個月的尋覓，總算找到一位年輕的鋼琴老師R老師。這位老師教學活潑、生動有趣，加上跟我的孩子們很投緣，上完課後也與孩子們玩在一起，打成一片。上了幾次課後，孩子們總算又重拾回他們對鋼琴的喜愛。

跟R老師學琴半年後，孩子們聽從老師的建議，居然要我幫他們報名，去參加當地的加州鋼琴級段檢定考試及比賽。

後來，小兒子一開始學鋼琴時，我就找R老師當他的啟蒙老師，也省去了我費盡心思用卡拉ＯＫ輔助的教法。

就這樣，我的三個孩子跟隨R老師學習鋼琴多年，大兒子及女兒在她的教導下，每年都參加鋼琴的段數檢定考試及比賽，每次都小有收穫，尤其是女兒；這樣

的情況，一直維持到R老師遠嫁到外地為人妻為止。那時，大兒子剛念完八年級，準備上高中九年級，而女兒剛念完七年級。

自我挑戰的女兒

R老師搬走後，大兒子告訴我說：「音樂方面的活動，我只打算繼續留在目前已經加入的青少年交響樂團。我學了這麼多年的鋼琴，我會彈的曲子已經足以讓我自娛娛人了。升上高中後，我有很多的功課及課外活動，沒有時間再學鋼琴了，而且我也不願意再花時間去適應新的鋼琴老師了。」

大兒子說的一番話，句句有理，似乎是經過深思熟慮，我也只得答應他。

反倒是女兒讓我非常驚訝，她想繼續學習鋼琴，而且已經找好了新老師。

新老師是同校同學的媽媽W女士。W女士平日不苟言笑，是位出名的鋼琴家，教育子女甚是嚴謹，家裡甚至沒有一台電視，她的三個孩子在學校表現傑出，W女士是我們家長中著名的虎媽。

我很好奇女兒是如何與W女士牽上線。

女兒說：「上次在鋼琴比賽中，W女士是裁判，給了我很高的分數。在學校的運動會碰到她時，她說她很喜歡我表達曲子的方式，我們聊了一下。我告訴她我希望能跟她學鋼琴，她只想了一下下就答應了。」

我說：「我聽說她很嚴格的，你確定你能達到她的要求？」

女兒說：「我想我能達到她的要求的。那天我們已經討論過了，我想試試。我和哥哥跟R老師學鋼琴也學了很久，固然很fun，可是我想要有一些突破，我想要跟Elaine（W老師的女兒）一樣，把鋼琴彈得很好。」

女兒對鋼琴的投入與喜愛

女兒對於學鋼琴有如此的進取心，固然讓我很驚喜，但我同時也了解到，對於大兒子及女兒，這兩個凡事都有自己主見的孩子，我在一放一收之間，拿捏的分寸也必須要得當才好。

女兒跟著W老師學琴後，或許是年齡漸長，或者是老師嚴格的關係，女兒不用我催促就會自動練琴。她花了很多時間在鋼琴上，倒也甘之如飴。

有一次，從老師家回家的路上，女兒跟我說：「媽咪，你總是說Elaine他們三兄妹很乖、很聽話、功課很好，希望我跟她一樣，可是你知道嗎？Elaine很討厭她自己的家。她跟我說，她一定要去東部念高中。再忍耐一年，她就可以離開她的家了。她說她要離家越遠越好。」

我問：「為什麼？小孩子怎麼能夠講這麼狠的話，父母要是聽了那會多傷心。」女兒說：「她媽媽管他們太嚴厲了。他們都不能出去玩，每天不是讀書、練鋼琴，就是練芭蕾舞，生活太苦了，一點樂趣也沒有。」

女兒接著又說：「媽咪，謝謝你給我們有很多選擇的機會，也給了我們很多自由。」

我問女兒：「那你跟W老師學鋼琴，你喜歡嗎？」

女兒說：「她教得很好，我從她那兒學了很多，我也喜歡她教的方式。我不是她的女兒，所以她對我不會很嚴厲的，只是比起R老師，當然嚴格多了。我很慶幸我是你的女兒，不是她的女兒。」

女兒在離家上大學前，就一直跟隨W老師學習鋼琴，也由於W老師的悉心教導，當女兒在參加加州妙齡小姐的選拔時，從初賽、複賽至最後的決賽，才藝項目一直以鋼琴獨奏獨占鰲頭。

最後的決賽時，以一曲蕭邦的〈幻想即興曲〉（Fantaisie-Impromptu Op.66），讓台下數千名觀眾聽得如痴如醉。雖然演奏當時，曾因緊張出了點小差錯，可是瑕不掩瑜，還是讓女兒贏得了比賽。

尋找適合大兒子的小提琴教法

大兒子在五歲多時，除了我自己教他鋼琴外，他也和附近的小朋友一起去學Suzuki小提琴。Suzuki小提琴與傳統式小提琴最大的不同點，是Suzuki並不教幼童們看譜，而是注重幼童們的聽力培養，及強調團體教學（group lesson）的益處。

以初學者而言，大兒子很適合Suzuki方式的教法，這種方式訓練出他敏銳的音感，而且每個星期的團體教學達三次之多，也讓不喜歡練琴的他能夠利用團體教學的機會，與其他Suzuki的學童一起練琴。

Suzuki也提倡從別人的錯誤中學習，也因此要花費較多的時間去觀察同伴的優缺點，讓彼此能夠相互切磋、學習，這種學習方式比較適合年齡較小的學童。

每一次的團體教學其實也是另類的寓教於樂，把生澀的小提琴教學變成熱鬧的相互觀摩，也是有益於幼童的身心發展及社交學習。

大兒子從一開始，就喜歡Suzuki小提琴的教學方式，一直到小學三年級，我發覺他越來越依靠聽力學習新的曲子，才將他改成傳統的小提琴學習方式，可是長達四年Suzuki學習方法，已經養成他不喜歡看譜及不喜歡獨自練琴的習慣。

大兒子換了小提琴老師及教法後，也是經過一段時間的調整適應。由於他的聽力敏銳，傳統式教法的小提琴K老師，卻一再誤以為他的小提琴天分高，一直要他到處參加比賽。

有一次，我開了快兩個鐘頭的車，到了比賽地點，才發現他連自己的小提琴都忘了帶，也讓我明白，他下意識的對小提琴已經產生排斥，進而生厭，我只得暫時先停掉他小提琴的課程。

關於學琴，父母與孩子必須先思考自己要什麼

後來有一次，我們在報紙上看到社區的青少年交響樂團在招考多名樂團的第二小提琴手，大兒子半開玩笑的說：「我這麼久都沒拉琴了，如果面試還考得上，那是奇蹟，那就是注定我得去參加這個樂團。」

結果，他還真的被錄取了，而且他又遇見多位他的朋友在樂團裡，所以他就決定參加社區的青少年交響樂團，繼續拉小提琴，可是不願意再跟隨任何老師上課

了。

就這樣，大兒子在交響樂團當了多年的第二小提琴手，但一直沒有進入第一小提琴手的行列。他常常開玩笑的說：「還好交響樂團沒有第三小提琴手，否則樂團的指揮一定把我降成第三小提琴手的。」

多年後，大兒子進了哈佛大學。大一的時候，選修了一門有關音樂欣賞及音樂歷史的課。他告訴我，一直到那個時候，他才懂得如何真正的欣賞及享受音樂。

有了大兒子及女兒這些切身經驗後，我深知**要培養孩子對樂器的學習，實在是半點也勉強不得的，除了孩子本身對樂器的興趣外，父母與孩子雙方對樂器學習的熱忱及堅持也是很重要的**，也因此我告訴小兒子，如果他對鋼琴或小提琴真的沒有興趣，我也不會勉強他的。

說完這話沒多久，小兒子就告訴我：「我覺得媽咪很聰明，也很了解我，因為我實在對彈鋼琴及拉小提琴沒有興趣，既然你說不勉強我，那下個星期起，我就不想再去上鋼琴課了，將來也不會想要學小提琴的。如果媽咪你一定要我學一項樂器，那我想學打鼓。」

我滿臉疑惑的問小兒子：「為什麼你會想到要學打鼓？」

小兒子說：「因為打鼓很吵、很大聲，如果學打鼓的話，你一定不會要我天天練習的！」

閱讀

瑪麗亞來上班的一個早上，才一進門，就高興的抱著正要上學的女兒，對她說：「你真是我的天使！房東把六百元的押金全數退還給我了，真是謝謝你幫我寫了那封信。你真是太棒了！」

有一天下午，我不在家時，家裡只有女兒與幫傭的墨西哥人瑪麗亞。瑪麗亞的姊姊打電話給瑪麗亞說，她們姊妹押在房東那裡的六百元押金拿不回來了。頓時，瑪麗亞難過的哭了出來。

瑪麗亞告訴女兒，當時她們搬離那個屋子時，房東也在場，所有的門窗玻璃以及電器用品，房東全部都檢查過，在清單上簽了名，也答應她們姊妹，會將押金還給她們，而事後卻反悔，不肯將押金還給她們，存心欺負她們這些不懂英文的弱勢者。

七歲的女兒寫信，為瑪麗亞討公道

於是女兒就根據瑪麗亞所說的事實，寫了一封信給那房東。寫完後，郵差剛好送信來，她們就匆匆忙忙貼了郵票，把信寄了出去。

女兒到底在信中寫了什麼，我沒有詳細的問。我心想，一個老奸巨猾的惡房東，怎麼可能跟一個七、八歲孩子寫的信妥協呢？

不過，我還是立即讚許女兒，幫瑪麗亞寫信的行為。我也告訴瑪麗亞，在一、兩個星期內，房東若是還不肯退錢給她，我會幫她先打電話給那房東要求還錢。若房東再不理會，我會幫她去小額債款法庭（Small Claims Court）告那房東。同時，我也要瑪麗亞把房東簽收的單子收好，那將是呈堂的證據。

一個星期過後，瑪麗亞來上班的一個早上，才一進門，瑪麗亞就高興的抱著正要上學的女兒，對她說：「你真是我的天使！房東把六百元的押金全數退還給我了，真是謝謝你幫我寫了那封信。你真是太棒了！」女兒聽了，也高興得跳了起來。

在上學的路上，我好奇的問女兒到底在信中寫了些什麼。

女兒說：「瑪麗亞給我看那張有房東簽名的單子，瑪麗亞說她如果把這張單子給警察看的話，警察就會命令房東把錢還給她，可是她不敢去找警察，只會一直哭。

「我看她很可憐，就想起她跟《綠野仙蹤》故事裡的獅子一樣，需要魔法師給她勇氣。只要有了勇氣，瑪麗亞就敢去找警察，所以我就寫信告訴房東，如果他再不還錢的話，『我』就會去找警察，把他簽名的證據給警察看。」

接著，女兒對我說：「媽咪，信中的那個『我』是喝了魔法師藥水，而產生勇氣的瑪麗亞，是想像出來的，不是現實中膽小的瑪麗亞。」

我聽完後哈哈大笑，好個慧黠的小女兒！

女兒在七、八歲時，能夠如此信手拈來，毫不費工夫的就幫瑪麗亞寫好一封信，而達成要求退錢的目的，實在是由於她從小就閱讀豐富的童話故事書，而奠下良好的寫作基礎。

以鮮豔的故事書吸引孩子，「講故事」給孩子聽

我一直相信學齡的孩子，一旦對閱讀有了興趣，那麼上課學習就不是什麼難事。喜歡閱讀的孩子，一般而言，學校的功課是不會太差的，至少人文科學方面一

定是得心應手的。

閱讀是所有做學問的基礎，因此，在孩子們很小的時候，我就盡量想辦法培養他們對閱讀的興趣，而培養孩子對閱讀的興趣，就得從「說故事」做起，再輔以故事書，漸漸的引導孩子自己閱讀，進而讓孩子發現閱讀的樂趣。否則，等到孩子大了，再丟本書到他面前，叫他好好的閱讀，要他自己找尋閱讀的興趣，那將是件非常困難的事。

孩子們從牙牙學語開始，我就試著先用極富有色彩的童話故事書及玩具吸引他們，然後講故事給他們聽。

訓練孩子注意力集中的好方法

日子久了，只要我開始拿故事書及玩偶，大兒子就會靜下來等著聽故事，而當妹妹的也會跟著哥哥安靜下來。

隨著孩子們一天天長大，我漸漸發覺讀故事書給幼兒聽，是訓練他們注意力集中的最好方法。不過當孩子小的時候，注意力不太能夠集中，說的故事就要短，而且要極富戲劇誇張性，孩子才會有興趣聽。讀的故事書也要色彩豐富，而動態性的故事書輔以玩具，則最能讓幼童難以忘記。

善用圖書館資源

大兒子剛滿兩歲時，我就開始帶他去圖書館的「說故事時間」（story time）聽故事，後來妹妹長大些也跟著去聽故事。一開始，我以為她年紀小，會因為「說故事時間」太長而吵鬧，進而影響到別的小朋友聽故事，所以我事先就準備一些女兒喜愛的玩具及圖畫書，想說萬一她吵鬧時，可以派上用場。

但沒想到，出乎意料之外，當「說故事時間」開始時，女兒就被圖書館老師手中可愛的木偶娃娃，及生動的音調給吸引住，不但第一次就跟著哥哥安靜的聽完整個故事，也從此養成她只要「說故事時間」一到，就乖乖坐在地毯上，等著說故事的老師到來，甚至遇上別的小朋友講話時，還會將食指放在嘴唇上，「噓」的一聲，要別的小朋友安靜呢！

圖書館的「說故事時間」，成為她每星期最期待的活動之一，不僅參加自己年齡班次的「說故事時間」，對哥哥年齡班次的「說故事時間」內容也興致勃勃，總是要我帶他們早一點到圖書館，這樣她就可以坐在老師對面的位子仔細聆聽了。

睡前，與女兒共讀

她每次津津有味的聽完故事後，總是還不停的追問細節，例如，大野狼的帽子為什麼是紅色的？為什麼白雪公主都已經死了，她爸爸都沒有回來看看她？……等等。

女兒當時字都還不認得，但她卻要我把書從圖書館借回來，仔細的要我再唸一遍給她聽。除了再回味故事外，也看看能否找到蛛絲馬跡，來解答她的疑問。

等到女兒自己有一些閱讀能力時，對於看過的電視、電影或舞台劇的故事，都要我到圖書館或書店，替她把書借回來或買回來，即使是看看書裡的圖畫也好。對於有興趣的故事，女兒更是一讀再讀。

每天晚上睡覺前，與女兒共讀一本書，成了我的必修課。有時候故事還沒讀完，我已累得睡著了，這時女兒就會體貼的幫我蓋被，然後發揮她無限的創造力，自己把故事讀完。

女兒八年級時，班上的中國各朝代服裝展示。

女兒的深度提問

我長期的讀故事書給孩子們聽，以及帶他們參加圖書館的「說故事時間」，養成了孩子們喜歡閱讀的好習慣，尤其是女兒。當時我就發現小小年紀的她，與幼稚園班上其他小朋友最大的不同是，在每週一次的「與朋友分享」的活動中，絕大多數的小朋友都是從家裡帶著洋娃娃，或新的玩具，與別的小朋友分享，而女兒卻總是帶著她從圖書館「說故事時間」裡閱讀過的童話故事書，以及書中的主人翁玩偶，與大家分享，而且女兒還會很認真的說故事給大家聽呢！

女兒三歲半那年，在圖書館的「說故事時間」第一次聽到《綠野仙蹤》的童話故事，一開始，她其實是對童話故事中的女主角——桃樂絲布娃娃、稻草人、機器人及獅子玩偶深深著迷，但當她全神貫注的認真聽完半個小時的故事後，除了意猶未盡的玩賞了這些布娃娃、玩偶道具，她還問老師，「勇氣」是什麼？為什麼獅子需要「勇氣」？……一大堆問題。

結果，圖書館老師花了半個多鐘頭的時間，解答她的問題，並且再把故事講解一遍給她聽。之後我們在圖書館找尋《綠野仙蹤》故事書時，發現這個系列的書，共有一、二十冊，可供各種不同年齡、程度的讀者閱讀，可是當時圖書館內只剩幾本。

我們只好借了其中的兩本回家，一本給哥哥閱讀，另外一本較簡單、圖畫最多的故事書給妹妹看。至於，這一系列其他適合幼童閱讀的書，我們只能到書店去訂購了。女兒對這本童話書愛不釋手，天天瀏覽，也因此開始認識一些簡單的單字。

這本《綠野仙蹤》童話故事書系列，成為女兒童年最喜歡的故事書之一。她閱讀的版本，也從最簡單、大多是圖畫的童話故事書，漸漸的，轉換成內容精采的經典章節小說，後來只要有《綠野仙蹤》電影的新版本上映，或歌唱舞台劇表演時，我都帶孩子們去看，只是每次進了電影院或劇場，我都累得只想睡覺，卻還要不斷的應付女兒永無止境的「為什麼」，有時只得拜託她：「有什麼疑問去問哥哥，你讓媽媽休息一下。」

而每次出了電影院之後，女兒總是要我去找與剛剛看過的電影或舞台劇相同版本的故事書，好讓她再閱讀、溫習一遍。由於《綠野仙蹤》有似連續劇般的一堆續集故事，我實在分不清楚劇情發展與眾多細節。只記得那些時日，我總是疲於應付女兒的《綠野仙蹤》問題，後來乾脆邀請也是讀《綠野仙蹤》童話故事長大的好友夏琳，一起帶著孩子們去看電影，讓她替我回答許多的「為什麼」。

閱讀是培養寫作最好的方式

其實也是由於女兒那時閱讀了許多童話故事書，包括眾多不同版本的《綠野仙蹤》，而奠定了她良好的寫作基礎，同時也是由於每個星期五次，不斷的聆聽非常專業的圖書館老師生動、有趣的說故事，而造就了女兒口齒清晰，思路分明。

固然，小孩子的口才、語言能力與天分有很大的關係，可是我們家的小孩，從小在家講台灣話，女兒兩、三歲時，卻仍能清楚的用英語表達想法。圖書館老師在講故事時說過的字彙，回家後，她也能夠自然的應用，因此，我相信圖書館老師當時不厭其煩，解答她的無數「為什麼」，以及我們不斷的與女兒對話，鼓勵她說出對日常生活的每件事，包括童話故事的想法，種種都與女兒日後的辯才無礙不無關聯。

因此，我總是鼓勵新手父母，對於我們身邊的資源要充分利用，不用處處花大錢，讓孩子上些包裝精美的貴族課程，例如不用花任何費用的公立圖書館資源，就很值得我們好好的享用及珍惜。

女兒唸故事書給小朋友聽

女兒四歲半時，開始去上私立的幼稚園。原先的規劃是讓女兒先念「幼稚園的先修班」（pre-kindergarten），因此報考的是一家少數有設立幼稚園先修班的學校。簡單的筆試考完後去面試，之後，主考的招生部主任卻告訴我：「你的女兒應該去念幼稚園，除了她超齡的閱讀能力與表達能力外，她的智慧以及成熟度，實在不適合與四歲的先修班幼童在一起。你的女兒如果念先修班的話，不但對她不公平，對老師也是一種很大的壓力。我們將會很為難的。」

回家後，考慮再三，既然專家都不願意將女兒放入幼稚園先修班，那就不該勉強了，但附近也沒有別的學校適合她，最後只得接受學校的安排，讓她去念幼稚園。

女兒在幼稚園班上雖然年紀最小，卻與其他小朋友互動愉快，很能夠融入班上的團體生活，而且好為人師。

我去教室幫忙老師時，常常看見她在教別的小朋友做習題，結尾時還加上一句：「這樣，明白了嗎？」這話似曾相識，想了良久，我才突然想起這是我常常跟孩子們講的話，想不到她學以致用，還運用自如，令我不禁莞爾。

上了一年級以後，班上的老師也發覺女兒超強的閱讀能力及表達能力，每個星期總有幾次要她唸故事書給其他小朋友聽，這項任務也成了她每天期待上學的主要動力之一。

為了這項任務，她會努力的在家溫習故事書中的內容，也會認真的練習聲音的抑揚頓挫。每次要執行任務的前一天晚上，女兒總是要我及弟弟坐在地毯上，當成是她班上的小朋友，然後她坐在小椅子上說：「午安，請各位小朋友都選好位子坐好，我們現在可以開始了嗎？」

我們靜靜的聽她唸完故事書，最後，女兒總是會問我們這兩個學生：「各位小朋友，有沒有任何的問題要問我呢？」懵懵懂懂的弟弟大多只會低頭玩他的玩具，而我若再不問任何問題，女兒就會說：「這位同學，難道你都沒有任何問題嗎？」

小二的女兒教瑪麗亞文法、文句

女兒上了二年級後，學校開始教些文法，文法對於自幼就閱讀不少書籍的女兒而言是再自然不過的法則了，因此她無論是造句，或寫起短文來都駕輕就熟，絲毫沒有困難之處。不僅如此，瑪麗亞還成了她矯正文法、字句的對象。

女兒不厭其煩的教瑪麗亞過去式、現在式、未來式，主詞與受詞的分別，還要我去買一個小黑板，女兒把這些文法句型寫在小黑板上，放在瑪麗亞的房間裡，好讓瑪麗亞可以每天溫習，而且三不五時更新字句，教瑪麗亞她在學校剛學到的新文法。女兒好為人師的個性，表露無遺。

女兒除了好為人師之外，平日也喜歡塗塗寫寫，常常見她不假思索的就能迅速寫完給外公外婆的信。信中鉅細靡遺的報告生活點滴，旅行報告更是充滿了歡樂。而她這封神來之筆給房東的信，更加深了她自己對寫作的信心。雖然事後哥哥告訴她：「警察不會管錢的事的，只有法官，才能命令房東退錢給瑪麗亞。」不過也由於女兒在信中清楚的告訴房東，瑪麗亞握有他簽名的清單，才使得房東不得不退錢給瑪麗亞。

我告訴孩子們：「雖然我們沒有魔法師的藥水，可是我們還是可以讓瑪麗亞產生勇氣的，這個辦法就是我們在可能的範圍內盡量幫她，妹妹幫她寫信就是個好例子。你們每天幫忙把喝完的瓶瓶罐罐回收，讓她去換錢，也是個好方法。」

大兒子接著說：「我知道，所以每星期五瑪麗亞回家前，我都帶她去格蘭岱阿姨家收集一些可以回收的瓶子、罐子，讓她可以多換一些錢。」

我嘉許的擁抱我的孩子們，我希望他們永遠有這種助人的情懷，時時幫助需要幫助的人。

對讀書的興趣，比一時的成績重要

讀十二年級時，女兒除了在高中選了一些「大學先修班」的課程外，更在大學裡加碼選課。回憶起那段日子，她每天匆匆忙忙的從教室跑出來後，便催促著我：「開快一點。」以便趕到另外一個學校去。

我的女兒在襁褓之際，就深受哥哥的影響。兩人年紀相近，所以從懂事開始就常常互相切磋著許多頑皮的鬼點子。

女兒在四歲多時，就意外的開始念幼稚園，與大兒子在學年上僅僅相差了一年，也因此兩人上了高中，甚至到東岸念哈佛大學時都相互結伴，感情深厚。

女兒天資聰穎，從懂事開始，就喜歡聽故事、看故事書，因此寫作基礎扎實。小的時候寫信、寫短詩，更是她的愛好之一。

因為「英文作業」事件，開始逐項檢查功課

她的數學天分，固然沒有哥哥的雄厚，不過也還差強人意，因此她在學校各方面的學習我並不擔心，何況她低年級的時候，我因為擔心她年齡過小，總是自告奮勇成為她班上的「教室媽媽」，常在教室幫老師忙，因此她在學校的表現，我也清楚。

低年級的時候，女兒也學著哥哥，喜歡在學校把功課寫完，不過她遇到有疑問的功課，總會帶回家問我，因此我一直相信她，沒有檢查她的功課，直到二年級學年快結束時，才在偶然的情況下，發覺她將近一整個學年的時間都沒有寫英文作業。

她自恃英文程度好，覺得學校的作業雖然簡單卻冗長，寫起來頗費時，她不願再做那些她認為無用的「busywork」，所以乾脆把作業本弄丟。

她這種連作業都懶得寫的行為，讓我既生氣又慚愧。生氣她的不寫作業，慚愧我自己的失職。因此，暑假時，除了罰她多寫作業外，三年級一開學，我規定她要把即使在學校都做完的作業，全部帶回家讓我逐項檢查。

如此嚴格的檢查了一個學年後，她不敢再造次了，她的學業成績也還可以，之

後，我就沒有再如此嚴格檢查她的功課了。

比學業成績更重要的事

女兒雖然聰明，可是小學時學業成績並非頂尖。我從來不要求她名列前茅，也不要求她一定要拿A。她的年紀較同學小了些，興趣又廣泛。下課後，總是有很多的活動要參加，所以每天晚上，我總是早早的就趕她去睡覺。

到了六年級以後，功課繁重多了，她也還是習慣性的每晚九點就去睡覺，即使第二天有考試。

我覺得在孩子小的時候，考試的成績其實沒有那麼重要。因為讀書不是為了考試，我希望她能從讀書中得到樂趣，而不是全然為了考試成績。

她的英文底子夠好，數學也不差，我相信她將來總會迎頭趕上的，因此，我寧可她每天晚上睡飽，第二天快快樂樂的上學，不要為了考試、讀書，而犧牲睡眠。

女兒八年級畢業時。

放手，讓女兒自我挑戰

女兒八年級從明星學校畢業後，就決心跟哥哥一樣，到公立高中念九年級。有了哥哥的經驗，女兒選課的時候，就比較清楚該如何選比較適合自己。

她以哥哥做榜樣，設定崇高的目標，選的都是一些「大學先修班」與榮譽班的課程。

我起初不太贊同她選這麼多高難度的課程，可是大兒子堅持妹妹有能力讀這些課程，女兒自己也躍躍欲試。

一開始的時候，女兒戰戰兢兢，非常的努力，後來，女兒駕輕就熟的讀得非常愉快，考試的成績也很好。

擔任女兒的「課業司機」

女兒在十一年級的時候，化學成績特別優異，入圍奧林匹克化學組。十一年級時，就開始到附近著名的大學攻讀化學。當時她只有十五歲，卻也能夠拿到好成績，而大學的化學教授除了嘉許她之外，更提供她暑假在研究室裡做實驗的機會。十二年級的時候，女兒除了在高中選了一些「大學先修班」的課程外，更在大學裡加碼選課，而除了選修高深化學外，她還加上一門西班牙文，不但有高度的企圖心，也勢在必得。

回憶起那段日子，她每天匆匆忙忙的從教室跑出來後，便催促著我：「開快一點。」以便趕到另外一個學校去。

她在車上吃著我幫她準備的午餐三明治，也忙著複習功課。我也是在那個時候，被孩子們訓練出一身又迅速又安全的優良駕駛技術呢！

普林斯頓與耶魯大學寫給女兒的信

女兒在十二年級的上學期十二月中旬，就接到哈佛大學及麻省理工學院兩所名校「early action」的通知，但接下來的日子，她也沒有絲毫怠惰，仍舊奔波於高中、大學兩校，努力的充實自己。

來年的四月，更是接到多所著名大學，包括普林斯頓、耶魯、史丹佛、西北大學的大學部及醫學院、加州大學聖地牙歌分校的大學部及醫學院保證班的錄取通知，在在都證明了她的實力。

普林斯頓大學及耶魯大學這兩所大學，除了制式的由招生院長發出的錄取書外，普林斯頓大學部的校長更是親自寫了一封信給女兒，稱女兒為「créme de la créme」（法文，精英中的精英），希望她能夠到普林斯頓就讀（一九三頁，註一）。耶魯大學則由招生部副主任親筆寫信告訴女兒，希望在耶魯的實驗室及溜冰場上能夠與她相見（一九五頁，註二）。這些極力爭取女兒的書信，在多年後的今天讀來，我仍是滿心的歡喜與安慰。

父母所堅持教給孩子的，必定會在孩子身上看見

我記得那個時候，女兒負責多個學校社團的活動，雖然非常忙碌，但每個活

Princeton University **Office of the Dean of the College**
Fourth Floor, West College
Princeton, New Jersey 08544-5264

April 10, 2002

Tiffany Y. Wu

Dear Tiffany:

What I find most exciting about the admissions season are the moments when Dean Hargadon pops into my office, or buttonholes me on the way to a meeting, to tell me with enormous enthusiasm about one or another particularly outstanding applicant he believes would make a great match with Princeton. I don't think he's ever used the term "crème de la crème," but when he takes the time to tell me about each of the many excellent applications he and his staff have read that day, I'm pretty sure that's what he has in mind.

As you've probably figured out by now, you are one of the applicants Dean Hargadon went out of his way to mention to me over the past few months. For that reason, I wanted to send along this note expressing my appreciation of your having applied to Princeton and my hope that you will agree that Princeton is an especially good match for your intellectual interests and aspirations.

I encourage you to take advantage of the opportunity over the next few weeks to meet and talk with the faculty with whom you would study here. As you are aware from the information that has been sent to you, we have set aside the dates of April 26-28 for hosting of prospective students. You should not feel bound by those dates, however; you may visit at any other time during the month of April that may be more convenient for you. My faculty colleagues and I would certainly welcome the opportunity to meet you and to answer any questions you might have. I am also enclosing a list of faculty, by department, to whom you might address any queries.

Warmest congratulations on your outstanding accomplishments. Do let me hear from you if I can be of any assistance. You can reach me by mail at the above address, by e-mail at nweiss@princeton.edu, or by phone at 609-258-3040.

Best wishes,

Nancy Malkiel

Nancy Weiss Malkiel
Professor of History and
Dean of the College

Yale University

Office of Undergraduate Admissions
P.O. Box 208234
New Haven, Connecticut 06520-8234

Campus address:
38 Hillhouse Avenue
Telephone: 203 432-9316
Fax: 203 432-9392

April 3, 2002

Ms. Tiffany Y. Wu

Dear Ms. Wu:

Congratulations on your admission to Yale College, Class of 2006! Announcing the good news to a candidate is the absolute best part of my job, and it gives me great pleasure to send you this letter. You have every reason to feel proud of our offer of admission. We look forward to having you as a vital contributor to the Yale community.

On the folder that holds your admissions materials, you will find the words of the late George Pierson, a professor and official historian of the University: "Yale is at once a tradition, a company of scholars, and a society of friends." Last year, Yale celebrated its 300th anniversary and a tradition of intellectual inquiry that began before the United States was founded. In evaluating candidates for admission to Yale College, the Admissions Committee seeks to identify students whose academic achievements, diverse talents, and strength of character will honor this long tradition of distinguished scholarship—and of friendship.

I am thrilled, both for you and for the College, at the prospect of your joining us next fall. Welcome to Yale!

Sincerely,

Richard H. Shaw
Dean of Undergraduate Admissions and Financial Aid
RHS/an
Enclosure

Yale University

Office of Undergraduate Admissions
P.O. Box 208234
New Haven, Connecticut 06520–8234

Campus address:
38 Hillhouse Avenue
Telephone: 203 432-9316
Fax: 203 432-9392

April 9, 2002

Tiffany Y. Wu

Dear Tiffany,

As the admissions officer responsible for your area, I would like to add my personal congratulations on your acceptance to the Yale Class of 2006. You are among a very few chosen from a remarkably strong applicant pool. Having read your application, I am confident that your energy, talents, and enthusiasm will make Yale an even more exciting place than it already is. It was a pleasure to present your application to the Admissions Committee, and I am delighted with the decision.

Yale is an institution that will challenge you to think, create, and grow. Peers, professors, and a broad array of speakers and artists will join you in your search for a greater understanding of the world and its complexities. Several national leaders addressed the student body this year, including President George W. Bush '68, D.C. Mayor Tony Williams '79, Senator Hillary Clinton LAW '73, and Senator Joe Lieberman '64 LAW '67. The University also celebrated its 300th anniversary this past October and was joined by former President Bill Clinton LAW '73, musical artist Paul Simon, novelist Tom Wolfe '56 PhD, and the Counting Crows. Master's Tea guests—which in this past year have included entrepreneur Steve Forbes, author Judy Blume, Poet Laureate Billy Collins, director Baz Luhrmann, architect Maya Lin '81 ARC '86, and countless others—continue to delight students with their fascinating company. This May, Yale has invited Robert Lanza, a leading scientist, to discuss with students the future of stem cell research.

If you are unable to visit the campus before making a final decision (though I encourage you to do so if possible!), please feel free to contact me with any questions you or your family may have. You can call me at (203) 432-9316, email me at genevieve.ko@yale.edu, or fax me at (203) 432-9392. If I am not available when you call, you can always ask to speak with another admissions officer who will be happy to help you. Once again, I want to offer my congratulations, and I hope to see you this fall in the Yale Class of 2006!

Sincerely,

Genevieve Ko
Assistant Director

Tiffany,
It was great meeting you in the fall. I was duly impressed by your application too!
Hope to see you in the labs & on the ice here!

動，她都是一路走來，始終如一的態度，也就是負責任，絕不會因為被哈佛大學錄取了，或受到其他名校的肯定而有所鬆懈，尤其是她擔任隊長的「模擬審判」（Mock Trial）（註三）。放學後，由她領軍的「模擬審判」四處南征北討，在校際比賽中，不論她是擔任控方，或是辯方的律師，都贏得勝利。

在頒獎典禮上，一位法官開玩笑的說，他但願每一位上他法庭的律師，都有女兒的聰慧可人，那他也就不會常常的頭疼、失眠，以及擁有現在的一頭白髮了！

註一：普林斯頓大學的總院長（即大學部的校長）親自寫了一封信給女兒，大意如下：「親愛的Tiffany：在招生的季節裡，最令我興奮的時刻是招生部的院長Dean Hargadon來我的辦公室，或者是在我們去開會的路上，他會非常高昂、興奮的告訴我，他找到一、兩個特別傑出的學生，正在申請我們學校，他相信這幾位學生特別的適合普林斯頓。院長雖然沒有刻意的用「crème de la crème」（法文「精英中的精英」的意思）這個詞彙，可是當他特別的找時間來告訴我，這些特別優秀的申請者時，我相信這正是院長他的意思。

現在你大概也猜到，你就是過去這幾個月中，Hargadon院長特別不厭其煩的跑來告訴我的幾位非常傑出申請者之一。正因為如此，我特別寫這封信給你，感謝你申請普林斯頓，同時也希望你能同意普林斯頓對你而言是一個非常好的選擇，她將會滿足你對知識的追求與一些願景。

我鼓勵你利用未來的幾週與我們的教授對談及會晤。如你所知，從四月二十六日至二十八日我們將招待所有錄取的學生，在學校舉辦一些活動。如果這個時間對你不便的話，歡迎你其他任何時間來訪。我及我的教授們當然非常歡迎你的到訪，也會回答你的任何問題。我現在同時寄上學校不同部門教授們的聯絡地址及電話。

對於你傑出的表現，我寄上我最誠摯的道賀。若有任何需要，請讓我知道。你可以寫信、email，或者來電。

——Nancy Weiss Malkiel　大學部校長

註二：耶魯大學的招生副主任，在寄給女兒的信的右下方，親筆寫著：「Tiffany, it was great meeting you in the fall. I was duly impressed by your application, too. Hope to see you in the labs & on the ice here!」（我很高興在去年的秋天能夠與你會晤，我也被你的表現深深的感動著。希望能夠在我們的實驗室裡及溜冰場上看見你！）

註三：Mock Trial是由學生們組成的模擬審判，有控方，也有辯方，一切的程序步驟遵循真正的法庭規則。通常都是法院下班後，法庭借給學生們比賽使用，有些熱心的法官及律師下班後會志願的擔任學生們「模擬審判」中的法官評審，審判的過程，非常的有趣。

讚賞與鼓勵，讓小兒子蛻變

從以前天天要催促小兒子寫功課，
到現在小兒子總念書念到半夜一、兩點，
連我不斷催促他上床睡覺，他都說：「我念書念出興趣來了。」
這麼大的轉變，究竟是如何發生的？

孩子們到底幾歲開始，才能自動自發的學習及做功課？每個孩子不同，端看孩子的成熟度及領悟力。

以我的小兒子而言，他開竅得晚，而且個性隨和，與世無爭。當兩位兄姊每每為了爭強好勝而吵架，甚至打得不可開交時，他仍然無動於衷，一副事不關己的態度，從不加入戰局。

小的時候，小兒子對學習沒有什麼企圖心，糊裡糊塗的，得過且過。我發覺自己教養大兒子及女兒兩個小孩的實際經驗，完全不適用在他的身上。像我只需對大

兒子及女兒，稍加留意他們的功課，以及花費些微的心血輔佐他們的課業，他們便能了解且融會貫通，但對小兒子，我則需要付出更多的時間與精神，循循善誘。小兒子在小學時，每個科目的功課、作業，每晚我都需要仔細檢查，不斷的複習，否則，他就隨便塗鴉了事，在在令我擔心不已。

父母對孩子訂立規則後，必須確實執行

學齡前，我教他看故事書，他卻彷彿無法進入書中的故事裡。到了學齡之際，他對學校的課業完全沒有興趣，每天拚命的玩，出了教室，是他最快樂的時光。在課堂上渾渾噩噩的，在運動場上卻力求表現。

我只能退而求其次，要求他把學校的功課做完就好。因此，每天下課後，他一定要先做完功課後，才能做其他的活動。

小學一年級的時候，他邊做功課邊玩，漫不經心。只需要花二十分鐘的功課，他可以做一整個下午還沒做完，我罰他不能出去踢足球。

幾次後，他得到教訓，知道一回家，就得趕緊專心的做完功課，才能做他喜歡的活動。晚飯後，則是我們逐一檢查功課的時間，通常得花上一個鐘頭以上的時間

更改。

小兒子一直到小學五年級，仍然非常的被動，功課只求應付過關，作業也隨便寫寫交差，總是要我一一檢查，才會發現錯誤。

考試前，老師都會事先通知，小兒子卻仍然茫然不知，或是根本不想知道。往往都等到考卷發下來了，才知道是要考試，而沒有事先準備的考試，加上平日讀書不求甚解，成績當然是不會好的。

易子而教

那個時候，小兒子的功課在班上充其量是屬於中、後段的程度，尤其是歷史課，他不用心去了解，更不花時間去記年代發生的史實，歷史常常被他張冠李戴，我很迷惑，也很擔心，不知道怎麼去教他才好。

我後來靈機一動，想到「易子而教」，那就是請我的朋友夏琳來教小兒子我不熟悉的歐洲歷史及宗教，我則教她的兒子數學。

我們固定一星期兩次「易子而教」，夏琳幫小兒子複習老師教過的歷史，我則教她的小兒子老師還未教的數學。

我那聰明的朋友夏琳，只要小兒子一恍神，她就說笑話給他聽，也因此小兒子似乎比較能夠專心一些，也或許是因為功課還要勞動他人，而不是自己的媽媽幫他複習，小兒子有些不好意思，讀起書來也比較認真了。幾個月後，小兒子在最令他自己頭痛的科目——五年級的歷史期末考，總算拿到B了。

讓小兒子願意投入課業的祕訣

當他在功課上有所進步時，我便不斷的誇獎他，爸爸及哥哥姊姊也一直稱讚他，讓他漸漸覺得功課好是件快樂的事。

漸漸的，我發現小兒子在學業上增長了興趣，也肯多花一些時間在功課上了，當我的小兒子能夠自己規劃時間準備考試，而且自動要求我幫他複習的時候，我知道他已經能夠自動自發的讀書學習了，再加上他在運動場上優越的表現，不但為自己爭光，更替學校立功，而贏得的榮耀更加讓他對自己有了十足的信心。

小兒子從小學時代的成績中、後段學生，到八年級畢業時，成為這個競爭激烈的班上前六名的學生，這一切得來真是不易。校長說：「這個班級是自一九五四年創校以來，程度最好的一個班級。」四年後，當這二十個學生從各地不同的高中畢業時，有近一半的學生進了常春藤名校，其中包括小兒子在內，有三人進了哈佛大學。

展現旺盛的企圖心

小兒子進了高中，念的是兄姊的母校，由於哥哥姊姊在校輝煌的表現，優越的成績使得他不敢怠惰。小兒子進高中前，其實已經是有備而來。暑假時，他在附近的私立高中選修了多門「榮譽班」的數理課程。那個暑假他花在書本用功的程度，彷彿要把過去多年沒有讀的書全部補回來似的，叫我刮目相看。

小兒子進高中時，兄姊已在哈佛大學就讀，高中的老師們戲稱這是「吳氏傳統」，具有褒揚、稱讚之意，也使得他有著向哥哥姊姊看齊的壓力。小兒子進了高中，循著兄姊走過的足跡，通過學校的「大學先修班」審核考試後，就挑戰自己，選了多門「大學先修班」及榮譽班的課程。

我怕他無法勝任，一直叫他放鬆些，小兒子卻彷若變了一個人似的，對自己有著很強的榮譽感及自信心。

捍衛「吳氏傳統」，念書念出興趣了

小兒子告訴我：「我不能讓老師們所說的『吳氏傳統』斷送在我的手中。」我一再地告訴他：「得失心不要這麼重，凡事盡力就好。」他卻說：「我沒有兄姊的天資聰穎，因此必須加倍的努力，向哥哥姊姊看齊。」這使我想起小兒子曾經在六年級時，發下「進哈佛大學」的豪語，當時被我認為是遙不可及而我不願意說破的天方夜譚，現在看來似乎是個距離又近了些的夢想。

高中時期的小兒子果真很努力用功讀書，但由於他的外務太多，或者因為打球出外比賽，或者因為學校社團活動，往往天黑了以後才回家，因此總是念書念到半夜還沒睡覺。

有時我一、兩點起來，見他還在念書，我總是催他快點睡覺。一再告訴他，盡力就好，不要這麼拚命。他卻說：「我念書念出興趣來了。」看著眼前充滿拚勁的小兒子，與當年那個天天要我催他做功課的小兒子相比，簡直不可同日而語。

小兒子十一年級時，因為學校裡所有「大學先修班」的理化學科全部都修完了，循著哥哥姊姊的模式，他開始到附近著名的大學選修化學。一個學年兩個學期下來，他居然拿到A和A-，我真是驚喜不已，因為這是所全美排名前十五名的大學，它的學生程度是非常好的。

令人落淚的一段話

從那時候起，我知道我從此不用再為小兒子的學業擔心了。

小兒子跟哥哥姊姊一樣，在十二年級第一個學期就拿到哈佛大學入學許可，來年的四月，更接到許多名校的錄取通知書，其中史丹佛大學的招生主任，在錄取的制式通知書上的右下方再親筆書寫著：「我們了解你若沒有步著兄姊的後塵（指念哈佛大學），可能是一件困難的事，可是我只希望你能夠考慮在我們史丹佛大學就讀，以此開始你的家族傳統，我們熱切的期望你的到來。」（It may be hard not to follow your siblings' footsteps, but I only hope you'll consider starting a new legacy here at Stanford! We'd love to have you.）（二〇五頁）令我分外動容。

小兒子以四年全A、第一名的成績高中畢業。當他站在學校大操場的講台上，面對五、六千名的來賓，代表畢業生致詞時，他開場白的第一句話，竟是謝謝一路辛苦扶持他的媽咪。聽到這句話，我不禁淚流滿面。

從我三個孩子的身上可以發現，**不同個性與資質的孩子，有不同的需求，除了**

STANFORD
UNIVERSITY

April 2007 05458557

Timothy Yo Wu

Dear Timmy,

Congratulations once again on your admission to Stanford! As your admission officer, it was my privilege to be the first reader of your application and to present your file to the Admission Committee. I am thrilled for you and for Stanford!

I know that you have many choices for college. Please know that you can contact me with any questions you have about Stanford. I can be reached at michael.pichay@stanford.edu or (650) 736-7866. I hope your April plans can include attending our Admit Weekend, April 19-21. Information about Admit Weekend and other events we hold is available on our Admitted Student Website at https://admit.stanford.edu/. In order to access this website and register for Admit Weekend, you need to create your SUNet ID and password using the number found at the top of this letter. I've included instructions on the enclosure.

There is so much I want to tell you about. Here are just a few quick highlights:

- Actress Sigourney Weaver, BA '72 was back on campus to screen her new movie, *Snow Cake*. The screening featured a Q & A with her, led by Professor Kristine Samuelson, director of our burgeoning new Film and Media Studies Program.
- Thomas Friedman, three-time Pulitzer Prize-winning author and journalist, was here to give a key-note address for the student-run Energy Crossroad Conference.
- Jon Stewart interviewed Psychology Professor Philip Zimbardo about his new book, *The Lucifer Effect*, on *The Daily Show* last week. Based on the infamous Stanford Prison Experiment, the book explains how we are all susceptible to the lure of "the dark side."
- While the nearby San Francisco Giants open baseball season today, our own baseball team became just the fifth team in college baseball history to reach 2,500 wins; and our women's tennis team continues to hold down the #1 rank in America!

I wish you the very best as you consider your college choice for next fall. Everyone at Stanford hopes to see you here, of course, but wherever your choice takes you, I know you'll contribute in significant ways and continue to thrive. Thanks for sharing so much of yourself with us, and good luck!

With my very warmest and best wishes,

Michael Pichay

Michael S. Pichay
Admission Counselor

You are a TRUE humanitarian... your commitment to community both locally and globally is extraordinary! It may be hard not to follow your siblings' footsteps, but I only hope you'll consider starting a new legacy here at Stanford! We'd love to have you!

OFFICE OF UNDERGRADUATE ADMISSION
Montag Hall • 355 Galvez Street • Stanford, CA 94305-3020 • (650) 723-2091 • Fax (650) 725-2846

STANFORD
UNIVERSITY

March 2007

Timothy Yo Wu   ID#: 05458557

Dear Timmy,

On behalf of the Office of Undergraduate Admission, it gives me very special pleasure to offer you admission to Stanford's Class of 2011. A hearty congratulations to you!

You have every reason to be proud of your accomplishments, and we are honored to invite you to join the Stanford community. Since our founding in 1885, Stanford has been defined by students and faculty who endeavor to push the limits of knowledge and who share a commitment to extending that spirit of exploration and excellence beyond campus. This is a community of scholars dedicated to what Jane Stanford, co-founder of Stanford University with her husband, Leland, called "the cultivation and enlargement of the mind." Your application showed that you have the intellectual energy, imagination and talent to flourish in this environment.

The exciting next step is now yours. As Stanford is probably only one of several colleges you will consider in the coming weeks, I hope you will use the time to learn more about us. We invite you to attend Admit Weekend 2007, April 19-21, our visit program designed to introduce you to Stanford's intellectual vibrancy and dynamic campus life. You also are invited to explore the admitted student website, http://admit.stanford.edu, a fun place to learn even more about the Stanford experience from our current students' perspective. Whatever college decision you ultimately make, we ask that you respond by using the enclosed enrollment response card, postmarked by the May 1 deadline, or, if you prefer, you may respond online by midnight May 1, following the enclosed instructions. Should you decide to matriculate at Stanford — and we sincerely hope you do — we will send you additional information about selecting courses and our various housing options in late May.

Please note that while we have every reason to believe that you will complete this school year successfully, your admission is contingent upon your continued strong academic performance in the program of courses you presented to us in your application.

Timmy, we look forward to the unique and extraordinary contributions that you will make to our campus life. We once again extend our congratulations on your admission to Stanford and look forward to welcoming you to the Stanford family!

With best wishes,

Richard H. Shaw
Dean of Admission and Financial Aid

OFFICE OF UNDERGRADUATE ADMISSION
Montag Hall • 355 Galvez Street • Stanford, CA 94305-3020 • (650) 723-2091 • Fax (650) 725-2846

父母的陪伴，更需要父母的細膩觀察，再適時給予孩子需要的協助及鼓勵。小的時候，用不同的教養方式，包容他們不同的需求，長大了自然就會殊途同歸。相信每個孩子都能因此而走出自己燦爛熱情的人生。

運動教給孩子的能力

弟弟佑堂一個重心不穩，一頭栽進游泳池，我當場嚇到叫不出聲來。只見哥哥二話不說，立即反身跳進游泳池，一把抓起還來不及哭叫的弟弟。這前後不到二十秒的工夫，卻讓我連續做了好幾年的惡夢。

大兒子兆堂四歲時，因為淘氣被我懲罰，也實在記不得為了什麼事情，卻忘不了當時他嘟著胖胖的圓臉，一雙大大的眼睛充滿淚水，很委屈的說：「媽咪，你總是說我是你的心肝，可是你為什麼會打你的心肝呢？」

聽了之後，我大為不忍。做爸爸的更是捨不得，當場抱起了兒子，又是親，又是疼的，做媽媽的我倒成了個大壞人了。

大兒子出生在密西根的福林市（Flint）。呱呱墜地時，就迫不及待的睜開雙眼來這世上報到。他剛出生，在醫院的新生兒育嬰室裡，每次睡醒時，就睜著雙眼，溜著眼珠子，好奇的四處打量。新生兒育嬰室裡的護士們暱稱他為好奇寶寶，照顧過成千上萬新生嬰兒的老醫師也說沒見過這麼機靈的嬰兒。

當年，先生還是個苦哈哈的住院實習醫師。我們三個人，加上婆婆，擠在醫院分配給我們的小公寓，每天看著新生命的成長，日子充滿了新希望，倒也其樂融融。

我們這對新手父母，跟著兒子一起成長學習。美國人的童謠、兒歌、小故事，我都是跟著孩子們，在參加為促進母親與嬰幼兒彼此親子間的關係，而設計提供的親子一同唱遊的「Mommy and Me」課堂上，以及社區講座中，和幼稚園裡學來的。

我自台北中山女高畢業後即赴美，在美國受的是大學教育，原本對於美國的幼兒學前教育、幼稚園教育、小學、初中、高中教育，毫無概念可言，但是，這一路陪著孩子們上學，早期還得上班，是個全職的研究員，卻也想盡辦法，每天都到孩子們的學校至少幫忙一、兩個小時。

如此一來，倒像是我也在美國接受了啟蒙教育，就像上天給了我一次再重新接受教育的機會，也讓我能夠好好的比較東方教育與西方教育的不同之處，更能夠理解為什麼每個孩子會在不同的文化教養下，發展出不同的人格特質。

從幼兒起，就培養孩子對運動的興趣

大兒子一歲多時，我們搬到後院有游泳池的房子。搬進新家前，我們做了一大堆安全防護措施，就是深怕他不慎跌入游泳池，而造成終身遺憾。

搬進新家後，我終於明白最安全的防護措施，就是讓他學會游泳。因此大兒子一歲多時，我就帶他去學游泳。在幾個年齡相仿的初學者中，他是第一個學會游泳的幼兒，而且速度極快，也從此啟發了他熱愛運動的本能。

大兒子兩歲時，他開始到公園盪鞦韆、玩單槓，玩出了興趣，我就帶他去上體操課，他也非常的熱衷，等到妹妹能跑能跳時，兩個人就比賽從體操課學來的單手連環翻跟斗。

我後來發覺即使是嬰兒時期的小baby，若是運動量充足的話，食慾當然就跟著良好。晚上睡覺的時候，也就能夠一覺到天明。因此，我的三個孩子，從嬰幼兒起，我就注意他們的運動量，培養他們對運動的興趣。

大兒子從小就精力充沛，活潑好動，對任何事都充滿了好奇，什麼活動都想參加。幼稚園時期，除了他最愛的運動以外，他也愛畫畫，以及非常喜歡唱卡拉ＯＫ的童歌、童謠，我自己就教他一些鋼琴，他也學Suzuki小提琴。

一開始，看他每首曲子都駕輕就熟，似乎不用花什麼工夫，就能拉或彈得很好。但漸漸的，我發現，只要需要長時間去練習或學習的曲子，他就失去耐心。

大兒子十二歲時，有一次，我開車開了快兩個多鐘頭，帶他參加小提琴老師規定的小提琴比賽。但到了比賽場地，我們才發覺他連自己的小提琴都忘了帶，但他卻振振有詞的說：「媽咪，你不是一直教我們不要那麼在意結果嗎？事情的過程才是最重要的，不是嗎？」至此，再加上看他每次上鋼琴課、小提琴課時的心不在焉，虛應故事的態度，我也才明瞭，原來，鋼琴、小提琴對他而言，已經變成一種負擔。

運動，讓孩子學習團隊精神

反觀運動方面，舉凡足球、籃球、棒球、游泳、跳水，甚至賽跑，他都由衷的熱愛。大兒子從小就在運動場上嶄露頭角，他五歲開始參加社區的幼童足

大兒子六年級時，獲跳水游泳比賽冠軍。

女兒跳水時的標準動作（右）。
女兒獲游泳比賽冠軍（左）。

球聯盟，在每個星期六的比賽中，當大部分同齡的隊友小朋友，都還搞不清楚狀況、方向時，他往往已經先聲奪人的踢球進門，先馳得點了。

當孩子們到了五歲時，我就幫他們報名參加社區在不同季節所組成的不同球隊：秋季是足球隊，冬季是籃球隊，春季是壘球隊與棒球隊，以及夏季裡俱樂部的游泳隊與跳水隊。其中足球隊、籃球隊講究的是團隊精神，而每星期多次的練球及一、兩次的比賽，培養了孩子們不自私的團隊精神。**孩子們從小就被教導如何傳球，如何得分，如何成就團隊，以及「成功不必在我」的精神**。

五歲起，三個孩子每年都在不同的季節，參加這些不同的運動團隊。在這些充滿歡樂的運動中，他們不但鍛鍊了身體，結交了許多朋友，也養成了他們合群，以及不自私的團隊精神與生活態度。

大兒子七歲，小學二年級時，弟弟佑堂一歲多，有一天下午，我陪著兄弟倆及哥哥的同學在後院玩耍，突然間，弟弟佑堂拿著小水桶跑到游泳池旁去舀水，一個重心不穩，一頭栽進了游泳池，我當場嚇到叫不出聲來，只見哥哥二話不說，立即反身跳進了游泳池，一把抓起了還來不及哭叫的弟弟，這前後不到二十秒的工夫，卻讓我連續做了好幾年的惡夢。

時時跑校長室

大兒子生性活潑樂觀，有時雖愛作弄人，卻也不失幽默風趣，有他在的場合總是笑聲連連，絕不冷場。他小時候淘氣頑皮，老是與小他二十個月的妹妹吵架，加上妹妹總不服輸，兩人老是打個不停。從上幼稚園開始到小學畢業之前，為了不讓他跳級讀書，讓他可以與同齡的孩子一同快樂成長，每年總是好一番折騰。大兒子卻從不改他淘氣愛玩的本性，有時更是不服老師管教，與老師唱反調，也因此常常遭到老師懲罰，害得我們時時要跑校長室。

可是上了七年級後，我總是告誡他不能再調皮搗蛋，他開始收心，把一些精力放在學業上，爾後，他的學業成績異常優異，總是獨占鰲頭。運動場上，他則選擇專心勤練高爾夫球。大學畢業時，大兒子曾有機會展開高爾夫球職業生涯，最後他卻選擇攻讀法律研究所。

運動教給孩子們的

高爾夫球是相當費時的運動，卻也因此訓練大兒子及小兒子有效的充分利用時間，即所謂的「有效的時間管理」。大兒子從高中開始，尤其是上了哈佛大學後，在春、秋兩季時，校隊往往在星期四時就得出城比賽，至星期六，有時甚至到星期天才能回到學校，因此如何在短短的時間內，把學校的功課應付得宜，有效率的把書讀好；甚至於在出賽時而缺課或者不能應考時，必須自己事先與教授們交涉安排，都是一個大的課題。

可是，我也發覺，**當讀書的時間沒有那麼冗長及充裕的時候，孩子們反而較能夠把握時間而善加利用。而且，運動除了鍛鍊體能、增長個人耐力，高爾夫球的訓練，更讓孩子學會情緒管理，以及必須將挫折感拋下，勇往直前，面對下一個挑戰的能力。**

大兒子後來在課堂上及運動場上的表現，都成為弟弟妹妹們的模範，讓我有跡可循，知道如何培養弟弟妹妹。

我總是叮嚀他，他，是長子，是哥哥，將來，若有一天，父母不在了，他必須負起責任，要照顧弟弟妹妹。哪知他提早就想擔起責任，在哈佛大學就讀時，就管著小他一個學年次的妹妹，害得那些在哈佛大學苦苦追求妹妹的男生們，每每在哈佛校園內，遠遠的看見他走過來了，總要繞道而行，真是苦了這些男生們！

註：大兒子錄取的學校為哈佛、普林斯頓、耶魯、南加大大學部及醫學院保證班，以及加州大學柏克萊分校、加州大學洛杉磯分校等。其中哈佛大學是「提早錄取」（early admission），在十二年級的第一學期十二月中旬就收到通知，其他的大學是「一般錄取」（regular admission），是十二年級第二學期一月後，陸續接到通知。

女兒與溜冰教練。

之四
放手、體罰
等教養省思

加州時間五點五十五分

這段被當時的新生教務長廣為宣揚的morning call往事，
卻也讓我學會了「放手」。

二〇〇一年九月初，我們一家大小五人，浩浩蕩蕩的從美國西岸的洛杉磯，來到美國最富有文化氣息的麻薩諸塞州劍橋，為的是陪伴大兒子到哈佛大學報到。

我們像是《紅樓夢》裡的劉姥姥進大觀園似的，哈佛的一切，對我們而言，都是那麼奧妙與新奇。那時候，不只大兒子是新鮮人，我和先生也彷彿成了哈佛的新鮮人，我們甚至比他更興奮，凡是有家長可以參加的活動，我們都報名參加，深怕錯過認識哈佛大學的機會。

我們比兒子更想了解哈佛，我們抓緊在哈佛大學有限的時間，認真的去參加每個座談會，努力的去參觀每個學科部門，仔細的研究舉世聞名的哈佛圖書館、藝術館、運動場、體育館，甚至周邊的環境設施。就這樣，我們高高興興、與有榮焉

地成了哈佛一分子！我們也發覺其他的家長，無論是來自美國本土，或世界其他角落，莫不興高采烈，彷彿比中了樂透還要興奮。

當時，在哈佛廣場主持開學典禮的是，才剛剛走馬上任，在柯林頓總統任內權傾一時，執世界金融市場牛耳的前財政部長勞倫斯・薩默斯（Lawrence Summers），他同時也是哈佛大學創校以來第一位猶太人校長。

校長上台演講、致歡迎詞，第一句話就告訴大家，能夠成為哈佛大學的校長，是他畢生最大的榮耀。聽他這麼一說，坐在我們隔壁的一對白人夫婦，馬上轉過頭

全家送大兒子到哈佛大學，在宿舍門口合影。

來跟我說，他非常同意校長的說法。

這對夫婦是我們在座談會認識的新朋友，他們是麻薩諸塞州當地的世家子弟，不僅夫妻倆是哈佛畢業生，家裡老一輩的，也多人是哈佛校友。

十八年的盼望

這位新朋友說，我們今天能夠坐在這裡，也應該是莫大的榮耀。他接著又告訴我，當他知道他兒子被哈佛大學錄取時，他的興奮之情百倍於三十年前他自己收到哈佛大學的錄取通知。

因為從他兒子出生的那刻起，他就盼望著他兒子能夠進入哈佛大學，已經盼了十八年，而他自己當年的入學許可證，則是努力、準備了三年，盼了一年的成果，所以，兩相比較之下，現今的興奮之情，是不言而喻的。

安頓好大兒子後，我們一家就得打道回府。離開前，我對兒子耳提面命，無論是課業、日常生活瑣事，尤其每天早上一定要起床吃早餐再去上課，我是一再的叮嚀又叮嚀。

同一個時間，我心裡也盤算著，從今以後，我每天早上要打電話催他起床上

大兒子與其他三位室友剛成為哈佛大學新鮮人。

課，又由於東、西岸時差的關係，他的時間早我們三個鐘頭，這樣一來，我非得早起不可。

兒子跟我道別時，我心裡真有萬般不捨，眼淚一直不聽話的流下來，畢竟兒子從沒有這樣長期的離開我，可是想著他能在這最高學府受教育，及接受校方萬全的照顧，就安心的回家了。

沒人接聽的電話

回家後的第二天，是哈佛新生為期一個星期的必修課程能力分班測驗開始的第一天。哈佛的學生雖然個個優秀，可是每個人所長不同、程度不一，所以每個新生必須接受測驗考試，以便於能力分班。

我記得他考試的時間是上午九點，也就是我們西岸時間清晨六時。我深怕兒子早晨起不來，錯過了考試的時間，所以就打定主意，要打電話叫醒他。

我清晨五點就起床準備打電話，可是怕打擾兒子睡眠，不敢那麼早就打電話給他，坐立不安的等到快五點三十分了，才開始打電話給他。

結果電話打了快二十分鐘，兒子都沒有接聽。兒子手機的語音信箱都塞爆了我的留言，還是沒有回音。平時只要我打電話給他，他總會立即回我電話的。

我一看時間，已快要六點了，距離他考試的時間剩下不到十分鐘，我心裡非常著急，也不斷的責怪自己實在太大意，當時在兒子的宿舍房間裡，沒有把房間的電話號碼記下來，否則現在就可以打房間的電話，說不定還能叫醒他，可以趕上考試。

教務長的拒絕

後來，我靈機一動，打電話到大一新生教務長的辦公室，打算跟辦公室的祕書小姐要兒子房間的電話號碼。

電話響了一聲，那頭馬上就有人接話，我急著表明我是家長，需要兒子宿舍房間的電話號碼。

電話那頭的女聲慢條斯理的說她是大一新生教務長（Freshman Dean），原來是大一新生的教務長本人。她說現在整個校園靜悄悄的，大部分的學生還在睡覺，我急著要電話號碼，是否有什麼急事呢？

我很誠實的告訴她，緊急事故倒是沒有，可是我需要馬上叫兒子起床，他必須去考你們規定的測試。

她卻說，如果是這種情況，那她是絕對不能給我兒子的電話號碼了。她不能讓我去打擾她的學生，我的兒子。

震撼又哽咽

她接著又說：「孩子既然已經離家上大學，就不再是個小孩子了，他已經出門在外，是個獨立自主的大人了，他不再是個事事需要媽媽、依賴媽媽的孩子了。換言之，他不再是你上個星期帶來給我們的兒子。你要了解，他會在這裡長大，他從此會更成熟，不用凡事跟你報告，更不需要什麼事都經過你的同意。」

她甚至告訴我：「你不要每天打電話叫他起床，也不要有事沒事就打電話給他，這樣等於是給他壓力。我想他有空時，他自然會打電話給你。」

她這一番話，對我是無比的震撼，也牽動了我內心最深處的神經。我一時哽咽起來，只得結結巴巴的問她：「但如果錯過了考試，可怎麼辦？」

她可能感受到我的感傷，於是放緩了口氣說：「那就讓他學著去處理事情吧！」

這是十八年來，我第一次清楚體會到，我的兒子已經單飛了。他不再是我的附屬體了，他不再是在我跟前過日子的兒子了。原來，我也有力有未逮的時候，我也不能凡事都替他出力了。

為人父母，最難的課題之一

我不斷的告訴自己，我一定要學著放手，讓他自由。我也不斷安慰自己，給了他十八年的身教、言教，應該要對他有信心。他是個好孩子，應該不會變壞的，也要相信他有解決困難的能力，更要相信他對於是非對錯的判斷。

我深切體會到，為人父母，果然最難的課題之一，就是「放手」。

幾天後，美國發生舉世震驚的九一一恐怖攻擊事件。美國境內死傷多人，損失慘重，舉國上下都陷入無限的哀傷。其中有多架自殺式的飛機，都是由波士頓地區的羅根國際機場（Logan）起飛的。羅根機場距離哈佛大學不遠，只有二十多分鐘的車程，我們來去哈佛，都是在此出入，因此，更是讓我寢食難安。

校方在此時，也發了不少郵件給家長及學生，一再的宣布，校方有萬全的準備，要家長們放心，學生們安心就學。

十月的最後一個週末，Freshman Parents' Weekend（註）是哈佛大學招待大一新生家長們，返校探望子女的一個大活動。先生因為工作繁忙，女兒也已十二年級，課業繁重，加上又忙著申請大學事宜，都無法前往。小兒子則是太想念哥哥，我就幫他跟學校請假，帶著他前往探視已經多日未見的大兒子。

一路上，想著大兒子，不知他是否習慣學校的生活？課業上是否能跟上其他頂尖的同學？每個星期隨著高爾夫校隊出城比賽，是否應付得當？結果，明明是在跟小兒子說話，卻一再叫著大兒子的名字，頗像失智老人的前兆，把自己也嚇了一跳。

到了哈佛校園後，我拉著小兒子，直奔大兒子的宿舍。看到大兒子後的第一眼，我一顆懸念的心，就放了下來。

他說他每天除了上課外，還忙著打高爾夫校隊的比賽，忙得昏頭轉向，不過，我看他氣色良好，臉色紅潤，身體健康，頓時安心不少。

教務長的「驚人」舉例

隔天，我們就忙著參加學校替家長們安排的活動。其中，有一場是在大學紀念館（Memorial Hall）裡的桑德士劇院（Sanders Theatre）講述大一新生的新生活、適應力及一些相關的題材，演講者是曾經與我對話的大一新生教務長。

她一開口，就提到希望家長們放手，讓孩子們能夠自由自在的享受大學生活，說著說著，她就舉了個例：「有一位住在加州的媽媽，在剛開學，新生能力分班測試的第一天，為了叫她兒子起床，她自己天未亮就起床了。在加州的時間，清晨五點鐘打電話找我……結果，她在哈佛的兒子還是沒起床……」戲劇性的言辭，加上生動的手勢，整個劇院的家長們哄堂大笑。

我一聽，這不是在說我嗎？待她演講結束，我到後台與她溝通，我告訴她：「那位加州媽媽打電話給你時，加州的時間已經快六點了，不是五點鐘呢！」

當年年底，十二月十五日，哈佛大學寄來通知，我家女兒也被哈佛大學「提

早錄取」了，全家高高興興的度了聖誕假期。隔年四月底，女兒參加哈佛大學**prefrosh weekend**，這是每年校方為已經被錄取的新生舉辦，用意是讓這些高中十二年級的學生，在最後決定念哈佛大學之前，能夠好好的了解學校，看看是否真的適合到哈佛就讀。

我們依照大兒子的先例，全家陪伴著女兒前來，也同時能夠探望大兒子，而且還能跟他一起慶祝，他成為哈佛大學新鮮人的生日。

最糗的一天

我們雖然已經對哈佛較為熟悉，但還是很高興參加學校為家長安排的不同的講座及座談會。其中有一場在科學館的座談會，入會場後，才知道是大一教務長主持的。我心想這是座談會，同時也有多位不同的演講者，不是教務長單獨的演講，總不會再把我morning call的事拿出來提。

那幾天，劍橋天氣反常的炎熱，我白天東奔西跑的，又忙著去看大兒子高爾夫球校際比賽，非常疲倦。當我坐在冷氣十足的科學館時，不禁昏昏欲睡。

朦朧中，只聽見教務長說：「我們學校有位住在加州的媽媽，才把孩子送到學校後回家的第二天，就很不放心她的孩子，他們加州清晨五點，就忙著打電話找我……」聽眾席上又是一陣哄堂大笑。

這時，坐在旁邊的先生急忙把我搖醒，小聲的說：「教務長又在說你加州時間才五點鐘清晨，就打電話到學校找她，只能吵醒她，卻沒能叫自己兒子起床……」

我一驚，睡意全消，只聽見教務長接著又說：「這位媽媽還好是住在加州，時差只有三個鐘頭，你們能想像，如果她住在夏威夷，那豈不是半夜就得起來morning call？」

經她這一說，全場笑翻天。

我只見坐在我們前面一排的一位家長笑得東倒西歪，打翻了一瓶礦泉水，害得他隔壁的一位女士上衣都溼了。

放手，需要學習

這位教務長大概也沒想過，我居然又坐在其間。好不容易等到座談會結束，也為了不讓別人認出我來，我只得等到大部分家長散去後，才去找教務長。

我問教務長：「你還記得我是誰嗎？」

她愣了一下，不可置信的，又有點不好意思的問：「你該不會是那位加州的媽媽吧？」

我說：「不好意思，你依然記錯時間了。我打電話給你時，已經是加州時間早上五點五十五分了。」

回想起這件尷尬的往事，我不禁啞然失笑。其實，我後來才知道，當我急得像熱鍋上的螞蟻，連環叩大兒子的同時，他已經在高爾夫球場上練球了。

那天清晨，大兒子為了能夠在當天下午開始舉行為期五天的哈佛大學高爾夫球校隊的選拔淘汰賽中晉級，一改過去在家時賴床的習慣，天剛亮，六點鐘，就跟著校隊的學長去球場練球了，以便九點時能夠回到學校參加考試，而我這個還沒有學會「放手」的媽媽，卻不明就裡的到處打電話找兒子。

這段被當時的新生教務長廣為宣揚的morning call往事，卻也讓我學會了「放手」，從此我對大兒子不再連環叩了。不過，我也打定主意，暫時不讓我的孩子們知道這件往事，等到有一天，他們需要學習對他們的孩子們「放手」時，再告訴他們。

註：哈佛大學為所有大一新生的家長舉辦的返校週末活動，讓家長在探望自己子弟的同時，也多多了解學校，通常是十月最後的一個週末或者十一月的第一個週末。

給子女最好的禮物——尊重與祝福

我希望女兒當外交官，但她卻一心想當個外科醫生。

直到有一天她回來，興沖沖的對著她那當醫生的爸爸說：

「我每天晚上臨睡前，想到第二天早上就可以進開刀房，幫病人解決病痛，我就巴不得趕快天亮。」

我聽她這麼一說，愣在那裡，久久不能自已。

女兒宜婷從小就慧黠可人，她爸爸把她當成掌上明珠般的寵著，從來捨不得打罵，所以管教女兒的責任，就落在我這個嚴母身上。

職業婦女的兩難

記得女兒滿月後，因為工作上急需我回去崗位上，每天早上要離家時，望著兩個嗷嗷待哺的幼兒，孩子們不斷的哭鬧，而我也淚流滿面。雖然萬般的無奈，無限

女兒的醫學博士畢業典禮。

的委屈，但還是得上班去。

娘家的媽媽不忍我每天如此的疲於奔命，於是把女兒帶回台灣照顧，也因此宜婷成為外公外婆最鍾愛的孫女。後來，我實在太想念女兒，又央求媽媽把宜婷帶回來。從此，家裡就開始了孩子們熱鬧嬉戲，打架吵鬧，我們也不時要扮演仲裁角色的歲月，直到孩子們長大成人。

記得當時，如果保母生病或者休假，而我找不到別人幫我看小孩時，我只得把孩子們帶去上班。遇到開會時，再把他們反鎖在辦公室內。現在回想起來，簡直不可思議。

令人心疼的問話

有一次，上班休息時間，我打電話回家，是女兒接的電話。童言童語的，一時之間，我也分不出是兒子，還是女兒的聲音，就問她：「你是哥哥，還是妹妹？」哪知，她馬上反問我：「那你是爸爸，還是媽媽？」那年，她兩歲。

女兒在青少年時期，就長得亭亭玉立。十六歲那年，當選加州妙齡小姐第二名及最佳口才獎。記得當時在容納數千人的北加州一所大學的大禮堂內，所有觀眾都為她聰明又得體的機智問答，大聲喝采鼓掌，卻也忘了她在才藝表演中曾經出錯的鋼琴獨奏。

那天晚上，我們驕傲的接受眾人的恭喜祝福。我卻突然想起她兩歲那年，慧黠的反問我「你是爸爸，還是媽媽？」的光景。

女兒從小在男生堆中長大，除了自己的哥哥弟弟外，就是表哥表弟們，也練就了一身功夫。舉凡游泳、跳水、溜冰、長跑、排球，甚至足球，都興致勃勃地熱衷參與，而其中她最熱愛的運動則是花式溜冰。

不打退堂鼓的熱血

她除了凡事熱心參與外，最讓我值得驕傲、欣慰的，就是她樂於助人與熱心公益，她經常參加捐血及義診活動。念醫學院時，一個星期五的傍晚，一輛大巴士從醫學院門口載了包括她在內，共五、六十位的醫學生，前往南加州邊界、墨西哥境內的窮苦地區去義診。結果在高速公路上，車子拋錨，進退不得，折騰了七、八個小時後，大家只能打道回府。

當接駁的巴士載著同學們回到學校門口時，天已快亮，大家都累癱了，全都

解散回家去了，而女兒卻找了幾位志同道合的同學，借了一輛小型貨車，從大巴士上搬下了所有的醫藥用品，就往墨西哥邊境開去，與先行出發已在義診的醫生們會合。結果，那個週末，兩天的時光，他們義診了近千位的病人。他們，包括女兒在內，是一群極富有愛心的醫生及醫學生，共十人。

追隨哥哥腳步

女兒申請大學時，也同大兒子一樣，除了十二月中旬就接到

女兒在洛杉磯台灣文化日與美國聯邦唯一的華人眾議員趙美心Judy Chu合影。多年前，趙女士曾代表加州州議會頒獎給女兒，獎勵她在學業傑出的表現及對社區的關懷與貢獻。

女兒替在九一一恐怖活動中犧牲的紐約警察及消防隊員家屬募款，紐約市警察局特別派代表至學校表達感謝。

女兒獲選傑出亞裔學生，接受麥當勞基金會表揚。女兒將獎金捐給爸爸服務的醫院，獎金由護士長及爸爸代表醫院接受。

哈佛大學的提早入學許可外，在次年的三月開始，就陸陸續續接到史丹佛大學、普林斯頓大學、耶魯大學、西北大學直攻醫學院、加州大學聖地牙哥醫學院等一流學府的入學許可。

女兒在第一時間毫不猶豫的就表示要追隨著哥哥，一同念哈佛大學。兩兄妹同時有伴，也讓我安心不少。哥哥在哈佛大學是第一位亞裔的高爾夫球校隊隊長，替學校贏得了不少的榮譽，校刊上也不時有他爭光的消息，在哈佛校園內，算是風雲人物了，也使得妹妹深以為榮，更讓她多采多姿的大學生活增色不少。

每當哥哥有大型宴會、舞會，或其他正式場合須出席時，做妹妹的總是會投桃報李的幫他把白襯衫燙好、領帶挑好。妹妹也會幫哥哥舉辦surprise生日派對。真是很難想像小時候他們吵架，拿蠟筆在車子的後座畫界線，不准對方越雷池一步，有時甚至在車內打架，氣得當他們司機的我，不得不在半路停車，作勢要趕他們下車，嚇唬他們。

給子女最好的禮物

年輕的時候，我的志願是當個成功的外交官，幻想著能遨遊四海，折衝國際局勢，哪知事與願違，踏入家庭後，不僅折了青春，也滅了志氣，只好把一生的夢想都寄託在女兒身上，尤其看到女兒能言善道，甚至在大場合裡，台風穩健，就替她編織著成為外交官的美夢。

誰知女兒根本志不在此，一心只想當個傑出的外科醫生，為此，我們母女弄得很不愉快。尤其在她就讀醫學院第四年，申請外科住院醫師之際，我一直要求她改變主意，當時我們的關係更是緊張非常，因為，醫生是個辛苦的行業，更何況女孩子家當個外科醫生。

直到有一天她回來，吃完晚飯後，她興沖沖的對著她那當醫生的爸爸說：「我每天晚上臨睡前，想到第二天早上就可以進開刀房，幫病人解決病痛，我就巴不得趕快天亮。」她說完後，就急著要回去睡覺。

我聽她這麼一說，卻愣在那裡，久久不能自已。

我當時才體會到什麼是志業，當下也才明白我們為人父母的，給子女最好的禮物就是尊重與祝福。

註：女兒錄取的學校為哈佛、麻省理工學院、史丹佛、普林斯頓、耶魯、西北大學直攻醫學院、加州

大學聖地牙哥醫學院，以及加州大學柏克萊分校、加州大學洛杉磯分校等等。其中，哈佛大學以及麻省理工學院是「提早錄取」（early admission），十二月中就收到兩所大學的通知。

女兒服務的醫院大門口處，擺了一張女兒的人形像，上面寫著「醫院為所有的志工歡呼」。女兒從手術房出來後，調皮的跑到自己的人形像旁邊合影。

培養孩子除了課業以外的興趣

哥哥小一就會做三位數以上的除法，弟弟一直到三、四年級才會做。
我告訴小兒子：「即便這樣，也是ＯＫ的。」
弟弟小的時候，功課不好，
我更告訴他：「人生不是只有讀書而已，天生我才必有用。」

小兒子佑堂出生後，我就辭了工作，從此成了全職媽媽，也因此領悟到，**世上最困難的工作，莫過於養兒育女，培養出人格健全的孩子。**

小兒子佑堂，從小個性溫和，是哥哥姊姊的小跟班。兩個強勢的哥哥姊姊，造就了弟弟隨和的個性，也因為凡事有哥哥姊姊罩著，就突顯弟弟不與人爭的謙遜。更因為哥哥姊姊的聰明過人，而讓弟弟在平凡中，反而顯出些許的不平凡。

人生不是只有讀書而已

我總是告訴小兒子：「各人頭頂上一片天，哥哥姊姊有他們不同凡響之處，可是你也有你自己的長處。」

哥哥小一就會做三位數以上的除法，弟弟一直到三、四年級才會做。我告訴小兒子：「即便這樣，也是OK的。」弟弟小的時候，功課不好，我更告訴他：「人生不是只有讀書而已，天生我才必有用。」

小兒子對學校的課業沒有興趣，書讀不好。我安慰他：「沒關係，慢慢來。」我就培養他發展其他的興趣。我陪他觀賞一些大自然的生態，灌輸他許多課堂上沒有的知識，也因此培養出他熱愛小動物、生物以及一切大自然景觀的興趣。

另外，小兒子喜歡的嗜好，我絕不剝奪。我加倍的愛著他，耐心的帶著他。有好一陣子，小兒子成天收集「神奇寶貝」電子遊戲的卡片。每當一個新的主角上市時，我就帶著他，及他的同好小朋友們，一大早天剛亮，就趕著去店門口排隊等候購買。做著這些看似瘋狂的舉動，其實這對孩子們小小的心靈有著無限的慰藉。

多年後，有一天，他整理書架，翻出這些他已經不再有興趣，而蒙上厚厚一層灰塵的眾多卡片說：「媽咪，謝謝你當年陪我去買這麼多的卡片。當時，同學們都說我是個最幸運的小朋友，因為其他的同學們，他們都是考試每考一個A，他們的媽媽才讓他們去買一張卡片的，而我那時卻從來不知道怎麼樣才能得A的。」

那個時候，他除了熱衷收藏「神奇寶貝」卡片外，也認真研究海豚、鯨魚等哺乳類動物。他小時候最偉大的志願，就是要成為海洋公園的管理員，可以天天餵食海豚、鯨魚。

孩子們洗車募款，捐助九二一災民

小兒子小時候，除了遊遍海灘、主題公園、動物園、植物園、博物館、美術館、水族館之外，我更**帶著他去體驗社會的不同層面——帶著他到社區的救援中心去當義工**。

小兒子從小每個月就陪著我去分發食品給那些有需要的家庭，也因此養成了他善體人意、細膩的心思，後來他念高中及哈佛大學時，多次替世界展望會（World Vision）籌款賑災給世界不同角落、飽受災難的難民們，巴基斯坦、非洲蘇丹達富爾、海地及日本等地都曾接到小兒子及他的同伴們募得的善款。

猶記一九九九年九二一南投大地震發生後，大兒子及女兒發起在社區及高中學

校舉辦了多次的洗車活動，替南投的災民們募款。當時有多名同學及社區人士響應，連住在六十哩外，就讀高中的兩位表兄弟也來共襄盛舉，但由於連續多個星期假日的洗車，大家都累癱了，以至於到了後來，只剩下哥哥和姊姊，以及兩位表哥帶著十歲的小兒子在豔陽下洗車。

尤其是小兒子，小小年紀，使勁不停地幫路過的車子洗車，洗一輛車，則募得五美元，看了令人感動。

他們雖然最後只籌得區區數百美元，我和先生卻是非常欣慰孩子們助人的精神，同時也希望能夠替故鄉的災民們盡些棉薄之力，於是我們也捐出一些款項，寄回台灣。兩位幫忙洗車的表兄弟的家長

三兄妹洗車募款，準備捐給九二一地震災民。

——我的妹妹及妹婿同樣捐贈了一筆錢，而我父親知道之後，除了嘉許五個外孫們的善行外，更是將善款添加為整數，捐贈給南投的災民們。

跟隨小兒子打球的小野狼

大約在小兒子十一歲那年，有一天傍晚，我正陪著他在高爾夫球場打球。當時，小兒子背著球桿，一洞洞認真的打著球，我則開著球場的高爾夫球車，懶懶的跟在後面。

在四下無人、靜悄悄的夕陽下，突然的，也不知道從哪裡跑出一隻小野狼，這隻小野狼或許是出來覓食，或許是在尋找牠失散的母親及狼群，牠倉皇的到處亂跑，我頓時也緊張起來，深怕牠會去攻擊我的小兒子，我立即拿起球桿，作勢想要趕走這隻小野狼，但卻無論如何也趕不走，只見牠緊緊的跟在小兒子後面，小兒子也不時回頭，向牠揮揮手，吹吹口哨。

每當小兒子背著球桿往果嶺方向走著的時候，小野狼就在後面一路靜靜的跟著走。每當小兒子放下球袋，握著球桿，認真的琢磨如何打好下一桿時，小野狼就半坐半臥在草地上乖乖的等著，我則神經緊繃，拿著三號鐵桿緊緊的跟著。就這樣，

小兒子輕輕鬆鬆、快快樂樂的打完了九洞，小野狼一路追隨著，一直到人多的球場俱樂部才跑開。

看著小兒子神態自如，面色從容，若無其事的與小野狼和睦相處，互動良好，毫不緊張，一點也不害怕的做完他那天該做的功課——練球。

當下，我突然悟出孩子們漸漸長大了。分寸他們自己會拿捏，狀況他們自己會掌握，孩子們必有他們自己的福分與生存之道。我們做父母的，在盡心照顧他們的同時，也要學習如何的順其自然，適時放手。

比起優秀的兄姊，小兒子豪不遜色

小兒子從小就把哥哥當成他的英雄偶

小兒子與哈佛大學高爾夫球校隊。

與哈佛大學校隊遠征至蘇格蘭及英格蘭等地比賽。

像，對姊姊更是言聽計從。即使在做功課，或電腦遊戲玩到一半，舉凡哥哥口渴要他倒水，或者背癢，要他抓背搔癢，甚至姊姊東西掉了，都要他去尋找。弟弟總是隨叫隨到，馬上服務，劍及履及的實現孔老夫子「有事，弟子服其勞」的古訓，也讓我這個做媽媽的，不知道是該慶幸他們兄弟姊妹感情好，還是要責備做哥哥姊姊的懶惰。

小時候，遇著哥哥姊姊吵架時，弟弟總是很無辜的被逼著選邊站。及長，每當開家庭會議，遇有不同意見時，需要由民主程序，投票解決時，弟弟關鍵性的一票，更是哥哥姊姊極力爭取巴結的，真是風水輪流轉。

由於佑堂與哥哥姊姊相差多歲，所以無緣與兄姊同時念同所高中及大學。儘管如此，他還是循著哥哥姊姊的足跡，進入了哥哥姊姊的母校高中及哈佛大學，也因為哥哥姊姊在學校優異的表現，讓他在哈佛大學，參加競爭激烈的社團、高爾夫球隊的時候，多多少少有些先入為主的優勢，更由於哥哥姊姊在哈佛大學建立起的人脈關係，使得佑堂初來乍到剛入哈佛大學時，有哥哥姊姊的死黨照應著，使得可能產生的美國西岸與東岸的文化衝擊及氣候環境差距，減至最小。

弟弟讀起書來，雖然要比哥哥姊姊們都辛苦多了。但畢竟，他還是幸運的。

小兒子獲南加州地區高爾夫球賽冠軍。

註：小兒子錄取的學校為：哈佛、史丹佛、耶魯，以及加州大學柏克萊分校、加州大學洛杉磯分校等等。其中，哈佛大學是「提早錄取」（early admission），十二月中旬即接到哈佛大學的通知。

體罰

眼看孩子們在停車場亂跑，喊叫也沒用，
逼得我一手捉住大兒子，狠狠地打了大兒子幾下屁股，
其他的三個小孩看到有人被打屁股，嚇得停了下來。

我成長的年代是屬於不打不成器的威權時代，父母、師長是有極大的權力對自己的孩子、學生任意體罰。

記憶最深刻的一次，大約我小學五、六年級時，有一位同學來我家玩了一個下午。晚餐前，媽媽要我去巷子口買瓶醋或者其他雜貨什麼的，我就順便陪她走回家，結果，只見她的媽媽站在門口，手中拿著一把掃帚在掃地，一看見她，就破口大罵：「一個下午，你死到哪裡去了？」說著說著，就拿著掃帚死命的往那同學的身上打。我當時嚇呆了，等回過神時，拔腿就跑。

第二天，在學校見到她時，只見她全身傷痕累累，尤其是雙腿，跟漫畫書上畫的一樣皮開肉綻，很是可怕。

體罰vs.講道理

母親老是說：「你小時候很頑皮，總是挨打了之後才肯乖乖的聽話。」可是我從來都不記得父母親有打過我。我只記得我們家的家教很嚴，平常只要父親一瞪眼，我們兄弟姊妹就嚇得不敢造次。

到了自己升格為母親之後，是在人權立國的美國生活，連胎兒都有明文規定的權利，更何況活生生的孩童。專家學者們，講究宣揚的是孩童的福利及權益。警總似的瞪眼、威權時代，及父母之命唯命是從的美好時光不再，我只能開始努力的研讀育兒手冊或親子教養的書籍。

我發現西方的專家都強烈主張：「從小挨打的孩子，心靈會留下陰影，長大後，人格行為都會有偏差。大部分的作姦犯科者，他們從小就是挨揍的弱勢者，所以為人父母者，不可以體罰孩子。」

一開始，當新手媽媽的時候，我把這個主張奉為圭臬，尤其是不可體罰一事。

小心翼翼的，無論每一個步驟、舉止，我都按照書上的行為準則，天天按表操課。但後來，發現書上所教的方法，跟實際上可行的作為、方法，還是有相當大的差距。

書上說：「兩歲以後的小孩就得跟他講道理，事事讓他明白對與錯。」但這是談何容易的事？

兩、三歲的小孩鬧脾氣把食物全部灑滿地，如何跟他講道理？我的經驗是：道理講得越多，地上灑的食物就越多。最能當場制止他把食物灑滿地的方法，而且幼童無法忘記的，就是打屁股。

我的猶太人好友Charlene，就是「講道理」的最佳實踐者。她從來不體罰她的孩子，每天就忙著跟她的孩子講道理。

截然不同的處理方式

她的三個孩子，都與我的三個小朋友年齡相仿，也都念同一所幼稚園、小學及初中。我們兩家的孩子從牙牙學語就玩在一起，直至今日，還是莫逆之交。

記得有一次，我們相約帶孩子們到圖書館聽故事。我們兩人總共帶著五個小孩出門，我家三個，她家兩個。Charlene當時肚子還懷了一個，所以大腹便便的。

下了車後，我抱著尚在襁褓之中的小兒子，其他的四個小孩，像是脫韁的野馬，在停車場裡蹦蹦跳跳，到處亂跑，而且，當他們四個都在一起時，彷彿吃了大力丸似的，互相壯膽，根本無法控制，越玩越high。

當時，停車場裡，許多車子進進出出的，實在是非常危險。

我們兩個媽媽同時喊叫了良久，他們依然故我，把停車場當作遊樂場，無論我們怎麼叫喊，也不肯停下。

逼得我只好一手抱著小兒子，一手捉住大兒子，狠狠的打了大兒子幾下屁股，其他的三個小孩看到有人被打屁股，嚇得停了下來，不過，我還是拉著女兒，在她的屁股也重重的補了兩下。同時，不斷的告誡他們，在停車場亂跑的危險性。

大兒子忙說：「下次不敢了。」女兒也趕快說：「我也是。」

反觀大腹便便的Charlene，好不容易才捉著她的兩個孩子，不斷的講道理給他們聽，然後說：「因為你們兩個今天的表現，太讓我失望了，所以今天晚餐吃甜點的權利取消了。」

她五歲的大女兒說：「我今天晚上本來就不想吃甜點。」

Charlene三歲的兒子則一再說：「我不管，我就是要吃甜點。」

直到進了圖書館的講故事中心，他們母子三人，還在從停車場的亂跑事件，到晚餐甜點的有無，爭論不休。

Charlene在忙著與孩子們說理的同時，還不忘轉身問我：「你還好嗎？」

她覺得我是失去了理智，才會在眾目睽睽之下打孩子。

我說：「我很好啊！我不是失去理智才打他們的。我是要他們牢牢記得，永遠不能在停車場亂跑。我知道，萬一有多事者去告發，我可能會被安上虐童的罪名。可是，讓他們明白在停車場亂跑的嚴重性，比我可能遭遇到的麻煩還要重要。」

我接著告訴她：「有時候，跟這些幼童們講道理，是沒有用的。最有效的方法就是打屁股，而且必須在第一時間就打，他們才會記得。至少，我相信我們家這兩個，會有一段時間，不敢在停車場亂跑的。」

我知道我的好友對我打孩子的做法，是不以為然的。

關於體罰，不同的觀點

Charlene是位頗負盛名的精神科醫師，和同行的丈夫，夫婦兩人共同在大學醫院裡，打造了以他們姓氏為名的精神專科研究中心，但為了照顧孩子，陪伴他們成長，她辭去了醫學中心的研究以及教學工作，只剩下當孩子上學時，她每天只看半天的門診。

她長我多歲，更由於她的專業，很多時候，她是我的軍師。在教養子女的課題上，我常常諮詢她的意見，參考她的做法。唯獨在體罰與說教兩者之中的拿捏，我覺得她的做法，未必對我們家的孩子有用。她的想法，也未必全然是正確的。

當天晚上，當我打電話給Charlene，打算跟她商討隔天孩子們的活動時，只聽見她的兒子，不斷的在旁邊尖叫哭鬧，吵著要吃甜點。

我就跟她說：「你看吧！孩子太小，怎麼跟他講道理？他現在只記得要吃甜點的事。」

她匆匆的說：「我現在要跟他再談談，等我把他們哄睡了，我再打電話給你。」好不容易，等到我們的孩子們都入睡了，我們才有空再討論事情。她說：「雖然講道理的方式，要花費冗長的時間，可是我還是覺得這種方式，孩子們比較能夠接受，對孩子比較好。」

我回答她說：「我知道，能不打孩子當然是最好的做法，可是要他們學到立即的後果，當下打屁股，是最好的方法。」

好友不同意我的說法，她說：「很多父母一開始打孩子時，就像你這樣，無非是為了孩子好，可是到後來，往往變成慣性打孩子。更壞的情況，就變成父母宣洩自己情緒的管道。」

她再搬出一些她臨床病人的實例說：「孩子被打後，心靈陰影的負面影響是難以估計的。」

我反問她：「我們做朋友這些年，你覺得我是個活在心靈陰影下，或是行為有偏差的人嗎？」

她回答我說：「那當然是絕對沒有的。你為什麼要問這個？」

我告訴她：「我媽媽常常說，我是個頑皮的小孩，每次都挨打後才會學乖，可是，我一點都不記得挨打的事，可見，即使挨打也沒有對我造成任何負面影響，所以也沒有什麼心靈陰影可言。」

專業的她，卻開始研究我可能是什麼年紀挨打，所以才會忘記。她下結論的說：「那你是個很幸運的案例。」

我告訴她：「我的兄弟姊妹還不是一樣。我媽媽說我們都被打過，可是，誰也不記得挨打的情況。」

「我的孩子跟我一樣，將來也不會記得我打他們的情景，自然也不會留下什麼陰影，可是，我卻能用最簡單的方法，糾正他們不好的行為，不是嗎？孩子再大一點，有自制力時，我就不可能再用打的了，更何況，有你這樣的朋友，我怎麼可能變成慣性打孩子的媽媽，或者把孩子當成出氣筒的媽媽。」我繼續說。

我們整整談論了一個晚上，Charlene還是不同意我的論調。

有趣的實驗

她說：「孩子挨打後，不當的行為，當下是制止了，可是很快又會忘記的，還是講道理的有效。不信的話，你明天看看他們的行為，你就會知道。」

我說：「這樣好了，我們兩家就做個實驗，明天要去游泳課之前，你先順道開車過來，然後我們一起出發，一起到達。下車時，看看哪一個孩子在停車場亂跑。」

她接著說：「好啊！我們可以試試看，看看到底是體罰的有用？還是講道理的有效？也同時試試哪一個方法可以維持得久一點。」我們約定輸的人要請吃飯、看電影。

第二天，要去上游泳課之前，我不斷對大兒子和女兒耳提面命，一再交代。我對他們說：「要是下了車還亂跑，除了打屁股之外，我還要把你們丟掉，你們就看不到媽咪了。」

到了游泳池的停車場。下車前，做哥哥的告誡妹妹：「不要亂跑，不然我把你丟掉。」

下了車，我們這一家，沒人敢在停車場亂跑。再看Charlene那車，不但沒人亂跑，兩個小孩也似乎放緩了腳步，穩重的走著。

我們兩個媽媽則在一旁得意的微笑。

連續好幾天，即使他們四個孩子瘋狂的在公園跑、跳、玩耍，但只要到了停車場，就沒人敢再亂跑。

我心想，至少要出錢請吃飯、看電影的人，不會是我了。

第五天，是星期五晚上，我們兩家人一起去餐廳吃晚餐。吃完正餐在等甜點的時候，Charlene的大女兒說：「我今天跟昨天、昨天的昨天、昨天的昨天的昨天一樣，也可以吃雙份的甜點，因為我今天跟天天，都沒有在停車場裡亂跑。」

她的兒子也跟著說：「我也是，我也要雙份的。」

原來，Charlene為了證明她的講理比我的體罰對孩子們來得有效，不惜懸賞雙份的甜點。看來，專家也會偷吃步的。

這時，五歲的大兒子睜大了雙眼，對我說：「為什麼他們不在停車場亂跑，就可以吃雙份的冰淇淋，而我和妹妹卻沒有？你只有一直說，如果我們在停車場亂跑，就要打屁股，然後把我們丟掉。」

大兒子說完後，兩家的爸爸哈哈大笑。

他們家的爸爸說：「我還在想我們家的孩子們，每天吃雙份甜點的特權，到底還可以再用多久？」

而我們家的爸爸則說：「你們家是利誘，我們家是威脅，中文有句成語『威脅利誘』，倒是全都應用上了！」說完捧腹大笑！

體罰必須適度，且需有配套

自從在停車場挨打後，再加上多次臨下車前的告誡，大兒子及女兒，從此不敢在停車場亂跑，而好友他們家的孩子，則是聽了他們的媽媽難以估計的說教，及吃了不知多少加倍的甜點，才改掉這個危險的壞習慣。

至於我的小兒子，他到了能夠跑、跳的年齡，則是看到了哥哥、姊姊下車時，總是小心翼翼的注意往來的車輛，也養成了他下車時小心的習慣。

我覺得，孩子在年幼時，父母講道理還沒有用的時候，其實適度的體罰絕對有其必要性，而且體罰之後的配套措施也是需要的，比如事後的安撫及說明告誡。

當然，我們為人父母者，自己要有相當的自制力，絕對不能淪為慣性的體罰者，甚至成為學者、專家們所謂的體罰子女的施暴者。

【後記】二十多年的教養心得

我出生於一九五六年、台北市人。我的祖父自日據時代起，即在台北市最古老的發源地之一——太平町經營五金商行。先祖為一殷實之商人，他所開設的五金商行，至今仍矗立於延平北路的老街上。

我的祖父早年辛苦經營事業，奠定了子孫衣食無缺，而能夠用心向學的環境。從祖父母的身上，我學到了樂觀進取的人生觀。

我的外祖父為早期台灣大學醫學院的醫生，外祖母為台灣留日女醫之翹楚。外祖父母伉儷兩人學成之後，懸壺濟世於祖籍桃園大溪。自幼，我即不時目睹我的外祖父母，不但對窮苦的病家不收分文，還資助他們車資回家。從他們的身上，我看到了慈悲為懷。

我的父親台大法律系畢業後，自一九五六年起，即任職台灣司法界，歷任檢察官、法官、庭長、檢察長、各級法院院長，窮畢生之精力，致力於台灣的司法改革，於二〇〇一年，自台灣最高法院院長職位屆齡榮退，父親貢獻於司法界將近半世紀的光陰。

父親的為人處事，讓我明白光明磊落的真諦。我的母親則是影響我教養子女最深的人，母親對我們姊弟五人無怨無悔的付出，以及無私的愛，讓我學到了教養子女的最基本精神。

幼年隨著父親的職務調動，由北至南，我居住過不少城市，也體驗了不同的生活環境及地理風俗習慣。稍長之際，搬至台中市，我在那裡度過了快樂的童年。國小畢業正值政府推動九年國民義務教育，雖忝為國中第一屆成員之一，卻也不能免俗的參加私立初中筆試，爾後，在大度山腳下的懷恩中學，度過了三年強說愁的青澀日子。

在懷恩的歲月裡，奠定了我扎實的英文、國文及數學基礎，尤其是英文。我們當初除了一般正式的英文課外，田振聲校長還聘請旅美歸國的周老師來教我們英文會話，初一開始，就不斷的練習美式英語，著重於日常生活用語，這是一般國中所沒有的課程，我們受益良多，所以我後來中山女高畢業後赴美求學，即使剛到美國，在大一英文課堂上，對於教授的講解內容，雖不全然明白，可是不論功課作業，或論文考試的文法造句及寫作能力，並不亞於班上的美國當地同學，可是卻也因此讓教授誤以為我是本地生，在較深奧的英文比較文學期末考的分數成績，不肯給我外國學生應有的通融及優惠分數。

在懷恩中學小班制卻寬闊的紅土校園裡，孕育了我自由的思想，但嚴格的家教，卻讓我被歸類於保守的一群。就這樣，在不斷的自我矛盾、內心衝突下，我度過了中規中矩，課外活動卻也乏善可陳的初中三年。

高中時，全家搬回老家台北，與祖父母團圓。對周遭的一切，可謂既熟悉又陌生，熟悉的是街道房景，陌生的是學校同學。與台中大度山相比，台北可算是車水馬龍的大城市。

高中三年，在升學的壓力及學校老師、教官刻板的教條下，除了補習之外還是補習的生活，嚴重的失去自我。在台北，除了自己的家及祖父母的祖宅外，只認得中山女高的松江路口、鋼琴老師家的忠孝東路，及幾條不知街名的各科補習名師家的小巷，渾渾噩噩的度過了三年的花樣年華。

一九七五年夏天，母親帶著我和弟弟、妹妹赴美求學。我們首站來到夏威夷州的檀香山（Honolulu），本來只想在夏威夷稍微休息及玩個幾天，就要轉往舊金山大學入學。到了夏威夷，父執鄺先生夫婦來接機，力勸我們留在夏威夷就學，第二天又帶著我到夏威夷太平洋大學商討入學事宜。

校長Dr. Warmer要求我立即考學力測驗，結果數學考了滿分，英文文法的部分只錯了兩題。校長當場承諾給我全額獎學金，我和媽媽喜出望外，我們一行人於是興高采烈的留了下來。從此，在風光明媚的夏威夷州，開始展開我和弟弟妹妹在美國的新生活。

我們姊弟幾個在美國相依為命，互相照顧。當時除了努力讀書之外，我也嘗試在課餘之暇，找一份兼差。一開始，在大學裡的圖書館上班，這份工作讓我的英語會話能力突飛猛進，也認識了很多當地及美國本土來的學生，令我受益匪淺。

八個月後，學校的部門主任介紹我到一位華人的律師事務所，擔任祕書兼翻譯，這讓我的視野更加開闊，也更加了解當地的文化風俗，漸漸的，使我能夠完全融入夏威夷的生活。

一年半後，當我對夏威夷的一切都非常熟悉之後，卻發覺夏威夷這小島的大學及生活，已經不能滿足我對美國大學及文化的憧憬，畢竟夏威夷的風土人情和大學水準，與美國本土相較之下，還是有些距離的。

於是，我轉學至西雅圖大學主修生物化學。到了西雅圖，住在學校宿舍，也同時參加了一些社團活動，這讓我對美國的大學生活，有了更深一層的體驗。

在美國本土的大學，做起學問來，其實要比在夏威夷更扎實，念起書來也辛苦許多。

在主修生物化學的同時，我為了畢業後能夠找到好的工作，也開始選修了當時學校剛設立的醫學技術學科的學分。

我上了幾堂課後，卻對這個新的科系產生了很大的興趣，而且我們的系主任與西雅圖的一些大醫院關係良好，畢業生很容易就能夠在各大醫院找到工作，於是，我就乾脆轉到醫學技術科系。

一般而言，這是個為時五年的學科，我那時以為轉校又轉系的因素，可能會延遲了畢業的時間，也不願再多繳一年的學費，所以死拚活拚，每個學期都多修一、兩門課，再加上選修暑期的課程，結果學科就在留美後三年，全部修完，剩下的最後一年，就是在醫院實習的一年。

我在醫院實習的第五個月，我的頂頭上司，亦即部門的主任，同時也是我們系裡的客座教授，在我要輪調到別家醫院實習之前一天，叫我去他辦公室，告訴我他決定要僱用我當部門正式的技術人員，我不用再去別家醫院實習了。我不但可以留在他的部門，繼續修滿實習的學分，同時他將會發給我正式技術人員的薪水，這是我在美國的第一份正式全職的工作，老闆對我的賞識與厚愛，我是永記

於心的，也由於有了這份正式的工作，讓我對美國的生活，及自己的未來充滿了信心。

之後，我回台灣探親之際，認識了我現在的丈夫。憑著我對未來的憧憬，我一再鼓勵他來美國求發展。

他在台灣的醫學院醫科畢業後，服完了兩年的預官，就毅然決然的決定來美國了，但到了美國後，他才發覺美國不再需要外國來的醫生。

七〇年代，由於越戰徵兵的關係，有好一些醫生被徵調到越南當軍醫，因此美國醫界門戶大開，希望外國醫生加入他們的行列，可是當越戰結束後，美國本土不再需要大量的醫生，於是八〇年代之後，外國醫學院畢業生不再受到美國醫界的歡迎，美國醫界對於外國醫生的資格審核，以及住院醫師的申請更趨嚴格，我的先生剛好遇上這一波浪潮。

他來美國後的前半年，努力的準備考醫師執照及忙著申請住院醫師。每天看著我匆忙的趕著上班，他卻一籌莫展，只能待在家裡等消息，苦悶至極。

所幸皇天不負苦心人，先生通過考試，在拿到華盛頓州醫師執照後，也順利的申請到密西根州立大學醫學院附屬醫院的小兒科住院醫師，從此展開他的醫生生涯，逐步的實現他的美國夢。

在密西根住了三年，我也在同一家醫院的超音波診斷科做了三年的檢驗及基礎醫學研究工作。先生順利拿到小兒科專科醫師的執照，大兒子兆堂也在先生實習的醫院出生。

我們住在密西根那三年的時光，一遇到假日，趁機遊遍了美國中西部及加拿大附近的城鎮，藉以了解當地的文化及風土人情。

先生完成小兒專科訓練之後，我們舉家搬到溫暖的南加州洛杉磯郊區，以便於先生在南加大USC展開他在新生兒科加護病房，為期兩年的專門訓練。幸運的，我也承蒙南加大附屬醫院新生兒科主任的邀約，開始在部門做超音波檢驗及研究的工作。當時，雖然大腹便便帶著大兒子，又要做全職的工作，但可能是因為年輕，而且又加上一肚子的理想，倒也不覺得苦，反而甘之如飴。

之後，女兒宜婷誕生，誰也沒料到二十五年後，女兒會在她當時出生的醫院，當起外科的住院醫師。

我的先生在南加大完成新生兒科加護病房的訓練，順利通過筆試與口試，取得新生兒科專門醫師的執照之後，正式開始執業。他在南加州近洛杉磯的郊區醫院設立了新生兒科加護病房，到如今，在加護病房擔任主任已經超過二十多年了。

我們搬到這郊區之後，最初我勉為其難的通勤了好一陣子，一直到小兒子出世後，也苦苦的撐了一段時間，後來實在再也沒有辦法兼顧家庭與工作了，才下定決心辭去了工作，回家當個全職的家庭主婦。

這二十多年來，我除了早期幫助先生設立診所，拓展事業外，就全心致力於兒女的教養。從孩子未出生前，到孩子成長的各個不同階段，無論是從書籍或是講座，或是請教長輩、朋友，我都用心的從中吸收資訊，以別人的經驗為借鏡。

三位子女從嬰幼兒時期開始，我就注意他們身心健康的發展，到了學齡、青少年，乃至高中時期，我則盡量參與他們各種的活動，甚至大學時期的比賽、演出，我都不遠千里而來，給予精神上的支持，並時時以他們的立場做考量，尤其孩子們以東方人的背景在西方人的環境下成長，有時候不免遭遇到東西文化的衝突，以及倫理習慣不同的矛盾，其中的取捨及拿捏，一路走來，我始終謹慎小心。

我希望以多年的身教、言教，能對孩子們有正面的導向作用。品德上，我盡心教養他們，期待他們能夠做個有為有守，光明磊落的人；學業上，孩子們也都如他們自己所願，進入哈佛大學，並順利的以優異的成績畢業。哈佛大學畢業後，他們三人也都能夠分別進入理想的法學院、醫學院，潛心研讀他們有興趣的領域。

以優異成績畢業於哈佛大學應用數學系的大兒子，在哈佛大學求學期間，以首位亞裔的高爾夫球校隊隊長的身分，協助新進的教練，安排各種事宜，帶領著團隊到各地出賽。

大兒子的球技、領導才能，及聰明幽默，使得當時幾家高爾夫球具公司，紛紛鼓吹大兒子進入高球職業生涯，廠商並且希望能夠成為他的職業贊助者，大兒子卻不為所動，他最終選擇進入喬治城法學院，獲得Juris Doctor的博士學位。

大兒子現今服務於南加州一所跨國的律師事務所，主管金融商業法律。應用數學背景出身的大兒子，在去年一次受理巨額的商業併購買賣契約中，發現了連專業的投資銀行精算師都沒有算出的破綻，並及時指正，為客戶維護了龐大的經濟利益，並且增長了他服務的律師事務所的聲譽，也使得自己能夠在業界嶄露頭角。

高中時期即當選加州妙齡小姐第二名的女兒，在哈佛大學四年的通才教育養成中，不但在校園內留下了許多美麗與多采多姿的倩影，以及為人津津樂道的公益表演，也從此奠定了她日後從事醫師生涯的扎實基礎。

女兒在哈佛大學第四年時，即決定畢業後回來南加大醫學院攻讀醫學博士學位。我們在女兒離家求學多年後，能夠決定回來附近念書，自是喜不自勝。我們展開雙臂歡迎，雖然女兒選擇的是項辛苦的行業——醫生。

女兒現今是教學醫院的外科住院醫師，她醉心於精細的外科手術，一心為有先天疾病的患者解決痛苦。我們固然心疼女兒每天一早五、六點，就要進入手術房的辛苦及忙碌，卻也學會了對女兒的志願與興趣，給予最大的尊重與祝福。

畢業於哈佛大學心理學系的小兒子，從高中開始就到附近的著名大學實驗室追隨教授做化學研究。在念哈佛大學時，他除了跟隨兩位教授在不同的實驗室做研究之外，在春、秋兩季，還每個星期隨著高爾夫球校隊出城到處比賽。在百忙之中，無論寒暑，每星期還固定輔導一位低收入家庭、有學習障礙的學童Pedro。

有一次，我千里迢迢地去哈佛看他比賽。在校隊出發前的早上，他還準備利用空檔前的兩個小時，搭地鐵去輔導Pedro。

我告訴他：「行程太趕了，先取消這一次的輔導吧！」

但他卻告訴我：「取消輔導對我而言，或許是件小事，但對Pedro而言，卻絕對是件大事。」一說完，就匆匆的走了。

兩個小時之後，當他回來，他手上多了一張Pedro畫給他的畫像。

在隨著校隊觀賽的路上，我是既慚愧又欣慰。

我的小兒子將於今年夏天進入伊利諾大學醫學院，攻讀醫學博士學位。

回首來時路，酸甜苦辣，百感交集，我不敢說有任何的成就，只是希望在能力所及之處，能夠把這些年來的點點滴滴心得、經驗，下筆為記，分享同好。

【附錄一】關於哈佛大學

哈佛大學成立於一六三六年，是全美國最早成立的大學，至今已三百七十年有餘，歷經美國獨立戰爭、南北戰爭，其間雖因戰爭因素，使其年度的畢業典禮曾中斷數年，但迄今仍矗立於波士頓外圍查爾斯河另一端的劍橋。

哈佛大學校本部占地約兩百一十英畝，最受重視而聞名遐邇的乃是校本部Harvard Yard。校園內除了科學大樓、教學大樓，及全美國學術藏書最多且外型壯觀的圖書館之外，最大的特色就是由許多棟古老建築圍繞校園中心草地而組成的大一學生宿舍，以及坐落於此區的約翰．哈佛雕像。大二至大四的學生在連續三年裡，分發住宿於校園四周，而與市區融合為一體的十二個不同的校舍。

哈佛校園的周邊是熱鬧非凡的哈佛廣場。除了各式各樣的商店、銀行、書局、餐廳及旅館之外，更有形形色色的活動，尤其是街頭賣藝者就地取材的演唱會，在此生活可說是多采多姿、有趣極了。

劍橋地區除了哈佛大學外，還有舉世聞名的麻省理工學院。鄰近的波士頓地區，則有波士頓學院、波士頓大學、音樂學院及藝術學院，集高等學府之大成，可稱年輕大學生之天堂。至於哈佛大學的體育館、運動場、商學院、醫學院、牙醫學院及公共衛生學院則橫跨好幾個附近的城市，也不斷的在擴建之中。

哈佛大學執全世界學術研究之牛耳，除了醫學院、牙醫學院、法學院、商學院及其他各研究所之外，最受矚目的就是大學本部了。

哈佛大學學風自由，大學部的校友在離開校園後，從此追求各式各樣的生活，進入各行各業的領域，從政治家、教育家、醫生、律師，乃至好萊塢的明星以及華爾街的大亨，許多名人皆出身哈佛大學。

三百多年歷史的哈佛大學，造就了八位美國總統、七十五位諾貝爾得獎人及六十二位仍在世的億萬富豪。哈佛大學的校友捐款基金，現今存款有美金三百二十億元，為全世界所有大學及學術機構中最富有的學府，而且遙遙領先排名第二的耶魯大學的基金。哈佛大學由於它的歷史、影響力、學術地位及其財富，使得它能夠成為舉世首屈一指的大學，除此之外，哈佛大學共有四十二個校隊參與校際運動比賽，因此，能有幸成為哈佛家庭之成員，是許多學子夢寐以求之事。

【附錄二】關於美國的高等教育

美國的高等教育與台灣及其他國家最大的不同之處，在於它的大學教育著重於人格的養成、學術的淵博，及見聞的多廣，至於學習專精的學術，乃是大學畢業後研究所的工作了。

因此，學生們在高中畢業後，並不直接進入醫學院、法學院，或者商學院等專科學院就讀，而是接受一般大學院校的普及教育，廣涉各門學問，從社會人文科學、政治經濟概念，到自然科學領域，無不涉獵。

大學教育將大學生訓練成為一位通才以後，將來進入各行各業，或者從事各種專業訓練時，均能舉一反三，得到全面的了解，以此博學多思的基礎，對將來專業學術的追求更能融會貫通。

在學業上，大學生們除了接受多領域的通才教育之外，也能依照自己的興趣，選修較多同一系列的學科，成為自己的主修科目，舉凡：數學、物理、化學、英文、心理學、社會學、音樂、戲劇……等等。大學畢業後，或者就業，或者再根據自己的興趣專長攻讀研究所，例如：法學院、醫學院、商學院、藥劑學院、化學研究所、心理學研究所……等等。

美國的醫學院、法學院的入學資格是必須具備有學士學位的大學畢業生。法學院、醫學院招收的學生可以是主修任何科目的大學畢業生，只要學生選修過相當程度的規定課程即可。換句話說，在大學時主修工程、電腦、英文、音樂，甚至戲劇的大學畢業生，只要有選修過醫學院規定的數學及物理、化學、生物等課程而達到一定的標準，都可以申請醫學院，法學院亦然。

這樣的制度是除了確保通才教育外，也是希望醫學院、法學院培養出來的醫生、律師、法官能夠是通情達理，有著人文素養的社會精英，而不只是個從十八歲、大學一年級生的時候，就開始努力鑽研法律，或是生理解剖學的學生。

大學畢業生授予學士學位：Bachelor Degree。醫學院畢業生授予醫學博士學位：Medical Doctor（M.D.）。法學院畢業生授予法學博士學位：Juris Doctor（J.D.）。通常，醫學院是四年的課程，法學院是三年的課程。

另外，美國的醫學院也有少數幾家有提供一些名額給高中畢業生申請的，也就是所謂的「直攻醫學院」（Straight Medical Program），例如西北大學。高中畢業生獲得

錄取時，將會有條件的被保證在取得西北大學的學士學位後，能夠不用再經過一般申請手續，而直接進入西北大學的醫學院就讀。因為美國的醫學院競爭非常的激烈，所以有些較優秀的高中畢業生選擇提早進入此種課程。

March 30, 2001

Christopher Wu

Dear Christopher:

HARVARD COLLEGE

OFFICE OF ADMISSIONS AND FINANCIAL AID

BYERLY HALL • 8 GARDEN STREET • CAMBRIDGE, MASSACHUSETTS 02138

December 15, 2000

Mr. Christopher Jay Wu

Dear Mr. Wu,

I am delighted to inform you that the Committee on Admissions has admitted you to the Class of 2005 under the Early Action program. Please accept my personal congratulations for your outstanding achievements.

In recent years, over eighteen thousand students have applied for the sixteen hundred and fifty places in the freshman class. Faced with many more talented and highly qualified candidates than it has room to admit, the Admissions Committee has taken great care to choose individuals who present extraordinary academic, extracurricular and personal strengths. In making each admission decision, the Committee keeps in mind that the excellence of Harvard College depends most of all on the talent and promise of the people assembled here, particularly our students. In voting to offer you admission, the Committee has demonstrated its firm belief that you can make important contributions during your college years and beyond.

By early March, you will receive an invitation to visit Harvard from Saturday, April 21 until Monday, April 23. Our faculty and students have arranged a special welcome for you and we think the experience will be interesting and useful in helping you to make your final college choice. Of course, we would also be happy to have you visit at some other time and we hope you will make a special effort to do so if you will be unable to join us in April.

Especially if you cannot come to Cambridge during the next several months, please do not hesitate to contact us if we can be of help in any way. You will find our application booklet a good source of information about college life and we will be sending you a course catalog in the spring to help familiarize you better with our academic opportunities.

(continued)

吳兆堂錄取美國名校通知書

PRINCETON UNIVERSITY

Admission Office

MAILING ADDRESS: Box 430, Princeton, New Jersey 08544-0430

OFFICE: 110 West College

TELEPHONE: 609-258-3060 FACSIMILE: 609-258-6743

Yale University

Office of Undergraduate Admissions
P.O. Box 208234
New Haven, Connecticut 06520-8234

Campus address:
38 Hillhouse Avenue
Telephone: 203 432-9316
Fax: 203 432-9392

April 4, 2001

Mr. Christopher J. Wu

Dear Mr. Wu:

It gives me great pleasure to announce that you have been admitted to the Yale College Class of 2005. Congratulations! My colleagues on the Admissions Committee join me in welcoming you to the Yale community. Your selection from an extraordinarily talented group of students reflects the Committee's appreciation of your accomplishments and our belief that you will contribute in important ways to the strength and success of our educational community. You have every reason to feel proud of yourself and grateful to those who have helped you along the way. I hope that this letter of admission will mark the beginning of a very happy time of life for you.

I want to underscore the words I have just used: *the Yale community*. "Community" is not a word I use lightly. I firmly believe that our residential college system, established in the early 1930's, is the thing that most clearly distinguishes Yale from every other school, and I am extremely proud of the vibrant community life it has fostered over the years. In admitting students to Yale, the Admissions Committee looks first at a candidate's academic promise and potential for creative and rigorous intellectual work. But beyond that, we also look for students whose diverse talents, interests, backgrounds, and aspirations will continue to shape and sustain the rich and richly diverse college life for which Yale is known. That is why I am thrilled, both for you and for Yale, at the prospect of your joining us next fall.

Welcome to Yale!

Sincerely,

Richard H. Shaw

Page 2

You have until May 1 to respond to our offer. However, we are enclosing with this letter a reply card for your use in case you are able to inform us of your decision before the May 1 reply date. A complete admission packet will

HARVARD COLLEGE

OFFICE OF ADMISSIONS AND FINANCIAL AID

BYERLY HALL • 8 GARDEN STREET • CAMBRIDGE, MASSACHUSETTS 02138

December 14, 2001

Ms. Tiffany Yi Wu

Dear Ms. Wu,

I am delighted to inform you that the Committee on Admissions has admitted you to the Class of 2006 under the Early Action program. Please accept my personal congratulations for your outstanding achievements.

In recent years, over nineteen thousand students have applied for the sixteen hundred and fifty places in the freshman class. Faced with many more talented and highly qualified candidates than it has room to admit, the Admissions Committee has taken great care to choose individuals who present extraordinary academic, extracurricular and personal strengths. In making each admission decision, the Committee keeps in mind that the excellence of Harvard College depends most of all on the talent and promise of the people assembled here, particularly our students. In voting to offer you admission, the Committee has demonstrated its firm belief that you can make important contributions during your college years and beyond.

By early March, you will receive an invitation to visit Harvard from Saturday, April 20 until Monday, April 22. Our faculty and students have arranged a special welcome for you and we think the experience will be interesting and useful in helping you to make your final college choice. Of course, we would also be happy to have you visit at some other time and we hope you will make a special effort to do so if you will be unable to join us in April.

Especially if you cannot come to Cambridge during the next several months, please do not hesitate to contact us if we can be of help in any way. You will find our application booklet a good source of information about college life and we will be sending you a course catalog in the spring to help familiarize you better with our academic opportunities. We are ... a statement about choosing a college that might be helpful.

(continued)

吳宜婷錄取美國名校通知書

Princeton University Office of the Dean of the College
Fourth Floor, West College
Princeton, New Jersey ...

PRINCETON UNIVERSITY Admission Office
MAILING ADDRESS: Box 430, Princeton, New Jersey 08544-0430
OFFICE: 110 West College
TELEPHONE: 609-258-3060 FACSIMILE: 609-258-6743

Massachusetts Institute of Technology

Office of Admissions
Room 3-108

77 Massachusetts Avenue
Cambridge, Massachusetts
02139-4307

Phone 617.253.4791
Fax 617.258.8304
http://web.mit.edu/admissions/...

December 14, 2001

Ms. Tiffany Y. Wu

Dear Tiffany:

On behalf of the admissions staff, I am happy to offer you admission to the MIT Class of 2006.

You were identified by the Admissions Committee as one of the most talented and promising students in MIT's most competitive applicant pool on record. We picked you for your initiative and style and believe that we are well-matched for each other.

While you have until May 1, 2002, to decide whether or not to accept our offer, feel free to complete and return the enclosed card before then if you know you'll be enrolling. In the meantime, there are several ways to get to know us better. First, we hope you'll make plans to attend our Campus Preview Weekend (CPW), held at MIT from April 4 through 7, 2002, so that you can experience student life firsthand. Details can be found on the web site listed below. If you can't come to CPW, please try to make a campus visit after Feb. 10. To make arrangements, visit our admissions website and fill out an online request two weeks in advance and we will arrange for you to stay overnight with an undergraduate host. Go to classes, eat the food, listen to hallway conversations. You might want to speak with an MIT student by phone, so if you provided your phone number on your application and indicated that you would like to be called, you will be contacted by an MIT undergraduate on January 9 or 10, between 6 and 11 p.m. EST during our Early Action student telethon. And anytime between now and May 1, check our special admitted student web site <web.mit.edu/admissions/www/2006.html> for the latest happenings. On this site you will also find a link to The Coop, MIT's college bookstore. They will offer you a special 10% discount on MIT products through January 15, 2002; your code to access this discount is MEM2115.

I hope this letter is the one you were expecting and that it brings you the exhilaration you deserve to feel. I hope that you will take some time off to celebrate with your loved ones. But as a parent, I also expect you to get right back to work and finish up the year with top grades, since we don't admit slackers to MIT and this offer of admission is contingent upon your successful completion of the school year.

... MIT is the perfect place to prepare you for your future role in a ... Class of 2006!

Vice President and Dean of Admissions

UNIVERSITY OF CALIFORNIA, SAN DIEGO

UCSD

BERKELEY • DAVIS • IRVINE • LOS ANGELES • MERCED • RIVERSIDE • SAN DIEGO • SAN FRANCISCO

SANTA BARBARA • SANTA CRUZ

OFFICE OF ADMISSIONS
(858) 534-3880

UNIVERSITY OF CALIFORNIA, BERKELEY

BERKELEY • DAVIS • IRVINE • LOS ANGELES • RIVERSIDE • SAN DIEGO • SAN FRANCISCO

SANTA BARBARA • SANTA CRUZ

COMMITTEE ON UNDERGRADUATE
SCHOLARSHIPS AND HONORS

210 SPROUL HALL #1964
BERKELEY, CA 94720-1964

Tiffany Yi Wu

February 14, 2002

NORTHWESTERN UNIVERSITY MEDICAL SCHOOL

Stewart M. Spies, MD
Associate Dean

Honors Program in Medical Education
Morton Building 1-645
303 East Chicago Avenue
Chicago, Illinois 60611-3008
(312) 908-8915

March 29, 2002

Tiffany Yi Wu

Dear Tiffany,

It gives me great pleasure to inform you that you have been selected for admission to the Honors Program in Medical Education at Northwestern University. This acceptance assures you admission to The Feinberg School of Medicine, Northwestern University upon successful completion of requirements of the three year undergraduate program on the Evanston Campus.

This year there were a large number of applications from highly talented students. You should be especially proud of the personal qualities and accompli[...] you acceptance.

吳宜婷錄取美國名校通知書

STANFORD UNIVERSITY
Office of Undergraduate Admission

Yale University

Office of Undergraduate Admissions
P.O. Box 208234
New Haven, Connecticut 06520–8234

Campus address:
38 Hillhouse Avenue
Telephone: 203 432-9316
Fax: 203 432-9392

April 9, 2002

Tiffany Y. Wu

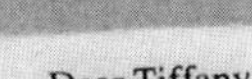

Dear Tiffany,

As the admissions officer responsible for your area, I would like to add my personal congratulations on your acceptance to the Yale Class of 2006. You are among a very few chosen from a remarkably strong applicant pool. Having read your application, I am confident that your energy, talents, and enthusiasm will make Yale an even more exciting place than it already is. It was a pleasure to present your application to the Admissions Committee, and I am delighted with the decision.

Yale is an institution that will challenge you to think, create, and grow. Peers, professors, and a broad array of speakers and artists will join you in your search for a greater understanding of the world and its complexities. Several national leaders addressed the student body this year, including President George W. Bush '68, D.C. Mayor Tony Williams '79, Senator Hillary Clinton LAW '73, and Senator Joe Lieberman '64 LAW '67. The University also celebrated its 300th anniversary this past October and was joined by former President Bill Clinton LAW '73, musical artist Paul Simon, novelist Tom Wolfe '56 PhD, and the Counting Crows. Master's Tea guests—which in this past year have included entrepreneur Steve Forbes, author Judy Blume, Poet Laureate Billy Collins, director Baz Luhrmann, architect Maya Lin '81 ARC '86, and countless others—continue to delight students with their fascinating company. This May, Yale has invited Robert Lanza, a leading scientist, to discuss with students the future of stem cell research.

If you are unable to visit the campus before making a final decision (though I encourage you to do so if possible!), please feel free to contact me with any questions you or your family may have. You can call me at (203) 432-9316, email me at genevieve.ko@yale.edu, or fax me at (203) 432-9392. If I am not available when you call, you can always ask to speak with another admissions officer who will be happy to help you. Once again, I want to offer my congratulations, and I hope to see you this fall in the Yale Class of 2006!

Sincerely,

Genevieve Ko
Assistant Director

Tiffany,
It was great meeting you in the fall. I was duly impressed by your application too!
Hope to see you in the labs & on the ice here!

Page 2

If you have indicated that you will be applying for financial aid, you should also read the enclosed materials regarding the status of your application, which may include our estimate of your award for next year. Final award decisions will accompany the complete admissions packet

HARVARD COLLEGE | Office of Admissions and Financial Aid

December 15, 2006

Mr. Timothy Yo Wu

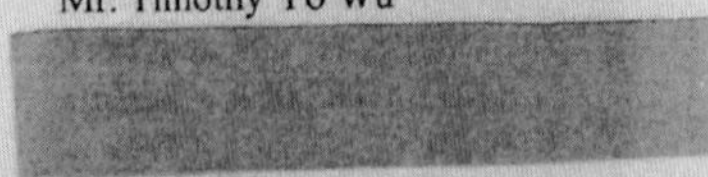

Dear Mr. Wu,

I am delighted to inform you that the Committee on Admissions has admitted you to the Class of 2011 under the Early Action program. Please accept my personal congratulations for your outstanding achievements.

In recent years, nearly twenty-three thousand students have applied for the sixteen hundred and seventy-five places in the freshman class. Faced with many more talented and highly qualified candidates than it has room to admit, the Admissions Committee has taken great care to choose individuals who present extraordinary academic, extracurricular and personal strengths. In making each admission decision, the Committee keeps in mind that the excellence of Harvard College depends most of all on the talent and promise of the people assembled here, particularly our students. In voting to offer you admission, the Committee has demonstrated its firm belief that you can make important contributions during your college years and beyond.

By early March, you will receive an invitation to visit Harvard from Saturday, April 21 to Monday, April 23. Our faculty and students have arranged a special welcome for you and we think the experience will be interesting and useful in making your final college choice. Of course, we would also be happy to have you visit at some other time and we hope you will make a special effort to do so if you will be unable to join us in April.

Especially if you cannot come to Cambridge during the next several months, please do not hesitate to contact us if we can be of help in any way. You will find our application booklet and our website (http://www.admissions.college.harvard.edu/) good sources of information about college life and we will be sending you a course catalog in the spring to help familiarize you with our academic opportunities. We are enclosing a statement about choosing a college that might be helpful.

(continued)

吳佑堂錄取美國名校通知書

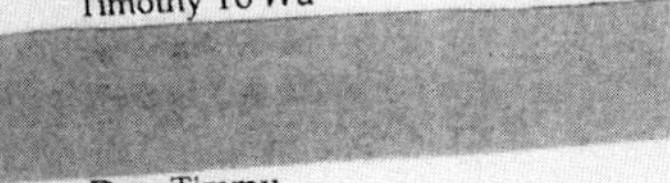

STANFORD
UNIVERSITY

05458557

April 2007

Timothy Yo Wu

Dear Timmy,

Congratulations once again on your admission to Stanford! As your admission officer, it was my privilege to be the first reader of your application and to present your file to the Admission Committee. I am thrilled for you and for Stanford!

I know that you have many choices for college. Please know that you can contact me with any questions you have about Stanford. I can be reached at michael.pichay@stanford.edu or (650) 736-7866. I hope your April plans can include attending our Admit Weekend, April 19-21. Information about Admit Weekend and other events we hold is available on our Admitted Student Website at https://admit.stanford.edu/. In order to access this website and register for Admit Weekend, you need to create your SUNet ID and password using the number found at the top of this letter. I've included instructions on the enclosure.

There is so much I want to tell you about. Here are just a few quick highlights:

- Actress Sigourney Weaver, BA '72 was back on campus to screen her new movie, *Snow Cake*. The screening featured a Q & A with her, led by Professor Kristine Samuelson, director of our burgeoning new Film and Media Studies Program.
- Thomas Friedman, three-time Pulitzer Prize-winning author and journalist, was here to give a key-note address for the student-run Energy Crossroad Conference.
- Jon Stewart interviewed Psychology Professor Philip Zimbardo about his new book, *The Lucifer Effect*, on *The Daily Show* last week. Based on the infamous Stanford Prison Experiment, the book explains how we are all susceptible to the lure of "the dark side."
- While the nearby San Francisco Giants open baseball season today, our own baseball team became just the fifth team in college baseball history to reach 2,500 wins; and our women's tennis team continues to hold down the #1 rank in America!

I wish you the very best as you consider your college choice for next fall. Everyone at Stanford hopes to see you here, of course, but wherever your choice takes you, I know you'll contribute in significant ways and continue to thrive. Thanks for sharing so much of yourself with us, and good luck!

With my very warmest and best wishes,

Michael Pichay

Michael S. Pichay
Admission Counselor

You are a TRUE humanitarian... your commitment to community both locally and globally is extraordinary. It may be hard not to follow your siblings' footsteps, but I only hope you'll consider starting a new legacy here at Stanford! We'd love to have you!

Office of Undergraduate Admission
Montag Hall • 355 Galvez Street • Stanford, CA 94305-3020 • (650) 723-2091 • Fax (650) 725-2846

With best wishes,

Your choice of a college is very important. The college you attend will have a profound influence on

University of California

P 1 y

OFFICE OF U... ADMISSIO...

...ifor...

800 | Berkeley, C

Yale University

Office of Undergraduate Admissions
P.O. Box 208234
New Haven, Connecticut 06520-8234

Campus address:
38 Hillhouse Avenue
Telephone: 203 432-9316
Fax: 203 432-9392

March 29, 2007

Mr. Timothy Y. Wu

Dear Mr. Wu:

Congratulations on your admission to Yale College, Class of 2011! It gives me great pleasure to send you a letter that honors your accomplishments and marks such an important moment in your life. You have every reason to feel proud of both your work and your aspirations.

On the folder that holds your admissions materials, you will find the words of the late George Pierson, a professor and official historian of the university: "Yale is at once a tradition, a company of scholars, and a society of friends." In evaluating candidates for admission to Yale College, the Admissions Committee seeks to identify students whose academic achievements, diverse talents, and strength of character will make them feel at home in this remarkable community. We look forward to your becoming a vital contributor to the university's life and mission.

To notify us of your decision, we ask that you complete our online reply card at www.admits.yale.edu. While the final reply date is May 1, we would love to hear from you before then.

On April 16th, 17th and 18th, most of your future classmates will come to the campus for some portion of Bulldog Days, our program for admitted students. We hope you will join them! To register for Bulldog Days and also to connect with other admitted students, please visit our admitted student website at www.admits.yale.edu.

Finally, if you have any general or specific questions about Yale, feel free to e-mail us at bulldog@yale.edu. I am delighted, both for you and for the College, at the prospect that you will join us next fall. Welcome to Yale!

Sincerely,

Jeffrey Brenzel

Jeffrey Brenzel
Dean of Undergraduate Admissions

國家圖書館預行編目資料

哈佛之路：陪伴、傾聽與支持，我培養出3個哈佛生／林瑞瑜著. ——初版. ——臺北市：寶瓶文化, 2013. 11
面； 公分. ——（catcher；60）
ISBN 978-986-5896-50-8（平裝）
1. 親職教育 2. 資優兒童教育

528. 2 102021536

catcher 060

哈佛之路——陪伴、傾聽與支持，我培養出3個哈佛生

作者／林瑞瑜
主編／張純玲

發行人／張寶琴
社長兼總編輯／朱亞君
主編／張純玲・簡伊玲
編輯／禹鐘月・賴逸娟
美術主編／林慧雯
校對／張純玲・陳佩伶・吳美滿・林瑞瑜
企劃副理／蘇靜玲
業務經理／盧金城
財務主任／歐素琪 業務助理／林裕翔
出版者／寶瓶文化事業有限公司
地址／台北市110信義區基隆路一段180號8樓
電話／(02) 27494988 傳真／(02) 27495072
郵政劃撥／19446403 寶瓶文化事業有限公司
印刷廠／世和印製企業有限公司
總經銷／大和書報圖書股份有限公司 電話／(02) 89902588
地址／台北縣五股工業區五工五路2號 傳真／(02) 22997900
E-mail／aquarius@udngroup.com

著作完成日期／二〇一三年八月
初版一刷日期／二〇一三年十一月
初版四刷日期／二〇一三年十一月六日
ISBN／978-986-5896-50-8
定價／三三〇元

愛書人卡

感謝您熱心的為我們填寫，
對您的意見，我們會認真的加以參考，
希望寶瓶文化推出的每一本書，都能得到您的肯定與永遠的支持。

系列：catcher 60　**書名：哈佛之路——陪伴、傾聽與支持，我培養出3個哈佛生**

1. 姓名：＿＿＿＿＿＿＿＿　性別：□男　□女
2. 生日：＿＿年＿＿月＿＿日
3. 教育程度：□大學以上　□大學　□專科　□高中、高職　□高中職以下
4. 職業：＿＿＿＿＿＿＿
5. 聯絡地址：＿＿＿＿＿＿＿＿＿＿＿＿＿＿＿＿＿
   聯絡電話：＿＿＿＿＿＿＿＿　手機：＿＿＿＿＿＿＿＿
6. E-mail信箱：＿＿＿＿＿＿＿＿＿＿＿＿＿＿
   □同意　□不同意　免費獲得寶瓶文化叢書訊息
7. 購買日期：＿＿年＿＿月＿＿日
8. 您得知本書的管道：□報紙／雜誌　□電視／電台　□親友介紹　□逛書店　□網路　□傳單／海報　□廣告　□其他
9. 您在哪裡買到本書：□書店，店名＿＿＿＿＿＿　□劃撥　□現場活動　□贈書　□網路購書，網站名稱：＿＿＿＿＿＿＿　□其他＿＿＿＿＿＿
10. 對本書的建議：（請填代號　1. 滿意　2. 尚可　3. 再改進，請提供意見）
    內容：＿＿＿＿＿＿＿＿＿＿＿＿
    封面：＿＿＿＿＿＿＿＿＿＿＿＿
    編排：＿＿＿＿＿＿＿＿＿＿＿＿
    其他：＿＿＿＿＿＿＿＿＿＿＿＿
    綜合意見：＿＿＿＿＿＿＿＿＿＿＿＿＿＿＿＿＿＿＿＿＿
11. 希望我們未來出版哪一類的書籍：＿＿＿＿＿＿＿＿＿＿＿＿＿＿

讓文字與書寫的聲音大鳴大放

寶瓶文化事業有限公司

（請沿此虛線剪下）

廣　告　回　函
北區郵政管理局登記
證北台字15345號
免貼郵票

寶瓶文化事業有限公司　收

110台北市信義區基隆路一段180號8樓
8F,180 KEELUNG RD.,SEC.1,
TAIPEI.(110)TAIWAN R.O.C.

（請沿虛線對折後寄回，謝謝）